낭송

사기열전

큰글자본 낭송Q시리즈
낭송 사기열전

발행일 초판1쇄 2015년 10월 24일(乙未年 丙戌月 癸酉日 霜降)
지은이 사마천 **풀어 읽은이** 나은영 │ **펴낸곳** 북드라망 │ **펴낸이** 김현경
주소 서울시 중구 청파로 464 101-2206(중림동, 브라운스톤서울) │ **전화** 02-739-9918
이메일 bookdramang@gmail.com

ISBN 979-11-86851-14-2 04910 979-11-86851-07-4(세트) │ 이 도서의 국립중앙도
서관 출판시도서목록(CIP)은 서지정보유통지원시스템 홈페이지(http://seoji.nl.go.
kr)와 국가자료공동목록시스템(http://www.nl.go.kr/kolisnet)에서 이용하실 수 있습
니다.(CIP제어번호: CIP2015027992) │ 이 책은 저작권자와 북드라망의 독점계약에
의해 출간되었으므로 무단전재와 무단복제를 금합니다. 잘못 만들어진 책은 서점에
서 바꿔 드립니다.

책으로 여는 지혜의 인드라망, 북드라망 **www.bookdramang.com**

큰글자본
낭송Q
시리즈

북현무

낭송
사기열전

사마천
지음

나은영
풀어
읽음

고미숙
기획

▶낭송Q시리즈 『낭송 사기열전』 사용설명서◀

※ 큰글자본 낭송Q시리즈는 어르신과 저시력자 분들을 위해 아래에 설명하는 낭송Q 시리즈 중 동청룡, 남주작, 서백호, 북현무 각각의 묶음에서 2권씩을 뽑아 만든 것입니다. 큰글자본 낭송Q시리즈는 『낭송 논어/맹자』, 『낭송 동의보감 내경편』, 『낭송 장자』, 『낭송 동의보감 외형편』, 『낭송 선어록』, 『낭송 손자병법/오자병법』, 『낭송 사기열전』, 『낭송 18세기 소품문』 등의 총 8권으로 구성되어 있습니다.

1. '낭송Q'시리즈의 '낭송Q'는 '낭송의 달인 호모 큐라스'의 약자입니다. '큐라스'(curas) 는 '케어'(care)의 어원인 라틴어로 배려, 보살핌, 관리, 집필, 치유 등의 뜻이 있습니다. '호모 큐라스'는 고전평론가 고미숙이 만든 조어로, 자기배려를 하는 사람, 즉 자신의 욕망과 호흡의 불균형을 조절하는 능력을 지닌 사람을 뜻하며, 낭송의 달인이 호모 큐라스인 까닭은 고전을 낭송함으로써 내 몸과 우주가 감응하게 하는 것이야말로 최고의 양생법이자, 자기배려이기 때문입니다(낭송의 인문학적 배경에 대해 더 궁금하신 분들은 고미숙이 쓴 『낭송의 달인 호모 큐라스』를 참고해 주십시오).

2. 낭송Q시리즈는 '낭송'을 위한 책입니다. 따라서 이 책은 꼭 소리 내어 읽어 주시고, 나아가 짧은 구절이라도 암송해 보실 때 더욱 빛을 발합니다. 머리와 입이 하나가 되어 책이 없어도 내 몸 안에서 소리가 흘러나오는 것, 그것이 바로 낭송입니다. 이를 위해 낭송Q시리즈의 책들은 모두 수십 개의 짧은 장들로 이루어져 있습니다. 암송에 도전해 볼 수 있는 분량들로 나누어 각 고전의 맛을 머리로, 몸으로 느낄 수 있도록 각 책의 '풀어 읽은이'들이 고심했습니다.

3. 낭송Q시리즈 아래로는 동청룡, 남주작, 서백호, 북현무라는 작은 묶음이 있습니다. 이 이름들은 동양 별자리 28수(宿)에서 빌려 온 것으로 각각 사계절과 음양오행의 기운을 품은 고전들을 배치했습니다. 또 각 별자리의 서두에는 판소리계 소설을, 마무리에는 『동의보감』을 네 편으로 나누어 하나씩 넣었고, 그 사이에는 유교와 불교의 경전, 그리고 동아시아 최고의 명문장들을 배열했습니다. 낭송Q시리즈를 통해 우리 안의 사계를 일깨우고, 유(儒)·불(佛)·도(道) 삼교회통의 비전을 구현하고자 한 까닭입니다. 아래의 설명을 참조하셔서 먼저 낭송해 볼 고전을 골라 보시기 바랍니다.

▷ 동청룡 : 『낭송 춘향전』, 『낭송 논어/맹자』, 『낭송 아함경』, 『낭송 열자』, 『낭송 열하일기』, 『낭송 전습록』, 『낭송 동의보감 내경편』으로 구성되어 있습니다. 동쪽은 오행상으로 목(木)의 기운에 해당하며, 목은 색으로는 푸른색, 계절상으로는 봄에 해당합니다. 하여 푸른 봄, 청춘(靑春)의 기운이 가득한 작품들을 선별했습니다. 또한 목은 새로운 시작을 의미하기도 합니다. 청춘의 열정으로 새로운 비전을 탐구하고 싶다면 동청룡의 고전과 만나 보세요.

▷ 남주작 : 『낭송 변강쇠가/적벽가』, 『낭송 금강경 외』, 『낭송 삼국지』, 『낭송 장자』, 『낭송 주자어류』, 『낭송 홍루몽』, 『낭송 동의보감 외형편』으로 구성되어 있습니다. 남쪽은 오행상 화(火)의 기운에 속합니다. 화는 색으로는 붉은색, 계절상으로는 여름입니다. 하여, 화기의 특징은 발산력과 표현력입니다. 자신감이 부족해지거나 자꾸 움츠러들 때 남주작의 고전들을 큰소리로 낭송해 보세요.

▷ 서백호 : 『낭송 흥보전』, 『낭송 서유기』, 『낭송 선어록』, 『낭송 손자병법/오자병법』, 『낭송 이옥』, 『낭송 한비자』, 『낭송 동의보감 잡병편 (1)』로 구성되어 있습니다. 서쪽은 오행상 금(金)의 기운에 속합니다. 금은 색으로는 흰색, 계절상으로는 가을입니다. 가을은 심판의 계절, 열매를 맺기 위해 불필요한 것들을 모두 떨궈 내는 기운이 가득한 때입니다. 그러니 생활이 늘 산만하고 분주한 분들에게 제격입니다. 서백호 고전들의 울림이 냉철한 결단력을 만들어 줄 테니까요.

▷ 북현무 : 『낭송 토끼전/심청전』, 『낭송 도덕경/계사전』, 『낭송 대승기신론』, 『낭송 동의수세보원』, 『낭송 사기열전』, 『낭송 18세기 소품문』, 『낭송 동의보감 잡병편 (2)』로 구성되어 있습니다. 북쪽은 오행상 수(水)의 기운에 속합니다. 수는 색으로는 검은색, 계절상으로는 겨울입니다. 수는 우리 몸에서 신장의 기운과 통합니다. 신장이 튼튼하면 청력이 좋고 유머감각이 탁월합니다. 하여 수는 지혜와 상상력, 예지력과도 연결됩니다. 물처럼 '유동하는 지성'을 갖추고 싶다면 북현무의 고전들과 함께해야 합니다.

4. 이 책 『낭송 사기열전』은 풀어 읽은이가 『사기열전』의 편제를 새롭게 하여 엮은 발췌 편역본입니다. 『사기열전』의 원 체재(體裁)는 이 책 말미에 실린 『사기열전』 원 목차' 부분을 참조하십시오.

차 례

「사기열전」은 어떤 책인가

인간사의 진면목을 수놓다

1. 사마천, 『사기』를 쓰다

130편에 이르는 『사기』史記를 읽지 않은 사람도 저자인 사마천의 생애에 대해 알고 있는 경우가 많다. 고대 중국의 역사가로 한 무제에게 노여움을 사 남자로서는 가장 치욕적인 궁형을 당한 인물. 그럼에도 목숨을 버리지 않고 태사령이었던 아버지의 유지를 받들어 남은 생애를 역사 저술에 바친 불굴의 사나이. 주로 이런 내용이다. 과연 그럴까? 한 인간이 감당하기에는 너무나 고통스러운 경험만으로 이 방대한 저서를 집필할 수 있었을까? 또 다른 동기는 없었을까? 이 의문을 풀어보기 위해 잡은 키워드는 두 개다. 태사령太史令 그리고 '이릉의 화禍'.

사마천의 아버지 사마담의 관직이었던 태사령은 하늘의 운행을 파악하고 역법과 나라의 제의 등에 관여하는 직책이었다. 또한 하늘에 나타나는 상서로운 징조나 재앙 등을 기록하는 일을 맡았으니 역사의 기록을 주로 했다고 보기에는 어렵다. 따라서 『사기』의 저술은 조상 대대로 태사였던 가업에다 사마천 부자 스스로 의미를 더 확장한 것이라고 볼 수도 있다. 고대 중국에서 태사는 하늘을 관측하여 그 운행의 질서를 파악해 땅에서 펼쳐지는 인간사에 접목했다고 한다. 즉 하늘의 질서를 관찰하여 지상 세계에 상응시키는 일이다. 그렇다면 하늘의 질서가 구현되어야 할 인간사 역시 그들에게는 주요한 관찰 대상이다. 사마천 부자는 공적인 직책을 근거로 삼고 하늘의 징조를 거울로 삼아 인간사를 바로잡는 것을 스스로의 사명으로 여긴 것은 아닐까? 그래서인가, 사마담은 한 무제가 치르는 하늘에 제의를 바치는 봉선封禪의식에 함께 참여하지 못한 것을 천명天命이라 한탄하며 세상을 떠났다. 사마천은 그런 아버지의 눈물을 잊지 않았다. 선대의 사명을 잇겠다는 다짐으로 『사기』의 첫 문장을 쓰는 그의 붓끝은 얼마나 벅찼을까? 그 붓끝을 더 치열하게 했던 또다른 운명적 사건, '이릉의 화禍'.

이릉은 유능한 장수였다. 그가 흉노족의 정벌에 나섰다가 포로가 되고 말았다. 진노한 한 무제는 이릉을 어떻게 처벌할지 조정에서 논의했다. 신하들은 왕의 심기를 건드리지 않으려고 이구동성으로 처벌하자는 의견을 내놓았다. 사마천이 말했다.

"오천의 병사로 십만 흉노에 대적하여 목숨을 걸고 싸운 끝에 분패한 것입니다. 그가 죽지 않고 포로가 된 것도 나라를 위해 후일을 도모하려는 뜻일 수도 있습니다."

평소 왕에게 아첨만 일삼는 신하들에게 혐오감을 숨길 수 없었던 사마천의 직언이었다. 그가 물러간 후 다른 신하들은 사마천이 한낱 태사령의 처지로 너무나 불손한 태도를 보였다며 처벌해야 한다고 몰아붙였다. 사실을 왜곡했다는 죄목으로 사형이었다. 당시 사형을 면할 수 있는 두 가지 방법이 있었는데, 오십만 전을 내거나 궁형을 받는 것이었다. 그는 가난했기 때문에 선택의 여지가 없었다. 궁형은 시간이 지날수록 몸에서 썩은 냄새가 진동하는 끔찍한 형벌이었다. 억울함에 망연자실한 나날을 보내던 그에게 떠오른 절체절명의 질문.

"하늘의 도리는 치우침이 없어서 늘 착한 사람 편"이라 했다. 내가 무엇을 잘못했는가? 나에게 잘못이 없다면 하늘의 도리는 도대체 맞는 것인가? 하늘의 질서로 인간사를 바로 잡겠다는 나의 사명은 헛된 망상일 뿐인가? 하늘은 점점 멀어지는데 몸이 썩어 들어가는 현실은 더욱 또렷해졌으니. 이 현실은 과연 무엇인가? 사마천은 다시 붓을 들었다. 바로잡을 수 없다면 있는 그대로 기록하리라. 자신의 몸에 새겨진 형벌의 고통을 자양분으로 삼아 그는 『사기』를 집필했다. 총

14년에 걸친 집필기간, 형벌을 받은 후 8년의 세월이
었다.

2. 인간사의 대한 깊은 안목을 보여 주는 『사기』

『사기』는 130편, 52만 6천 5백자 분량이다. 사마천은
이 책을 『태사공서』라 불렀는데, 『사기』로 불리게 된
것은 삼국시대 이후부터라고 한다. 『사기』에 기록된
역사는 전설로 전해 오는 오제부터 사마천이 살았던
기원전 2세기까지에 이르는 시간이다. 공간으로는 중
국 전역과 주변의 이민족의 세계를 아우르는, 사마천
이 알고 있는 세계 전부가 포함되었다. 내용은 정치,
경제, 천문, 지리, 음악, 역법에 이르기까지 인간사를
움직이는 다양한 요소들을 방대하게 다루었다.

　『사기』 130편은 「본기」本紀 12편, 「서」書 8편, 「표」表
10편, 「세가」世家 30편, 「열전」列傳 70편의 5부로 구성되
어 있다. 「본기」는 왕조와 제왕의 역사를 기록했으며,
「세가」는 여러 제후들 및 주변 인물들의 역사를, 「열
전」은 그 외의 다양한 인물들의 삶을 기록했다. 「서」
는 제도, 경제, 천문역법, 음악, 치수 공사에 이르기까

지 사회와 문화에 대한 각종 제도를 기록하였다. 「표」
는 역사적 사실을 연관시켜 일람할 수 있게 기록한 연
표이다.

　사마천은 역사를 연대순으로 기록하는 기존의 방
법을 바꾸어 새로운 시도를 했다. 인물의 행적을 중심
으로 기록하는 것으로, 이러한 방식을 「본기」의 '기'紀
자와 「열전」의 '전'傳자를 따서 '기전체'라고 한다. 이
후 기전체는 중국의 역사를 기록하는 표본이 되었다.
그러나 같은 기전체라도 『사기』와 이후에 집필된 역사
서는 큰 차이를 보인다. 한나라의 고조와 패권을 다툰
항우의 경우 『한서』에서는 제왕의 자리에 오르지 못했
기 때문에 「열전」에 기록되었다. 하지만 사마천은 항
우를 「본기」에 수록하여 당시 패권 다툼의 향방을 현
실적으로 다루는 입장을 취했다. 이외에도 제후가 된
적이 없는 공자나 진나라 말기에 처음 반란을 일으킨
진섭 등을 「세가」에 포함시켜 세간의 형식에 얽매이지
않고 자신의 평가를 반영했다.

　이러한 사마천의 입장은 「열전」에서 더욱 두드러
진다. 법질서를 어지럽혔지만 사람들의 흠모를 한 몸
에 받았던 유협들을 기록한 '유협열전', 실력이 아닌
외모나 운으로 왕의 총애를 받은 이들을 다룬 '영행

열전', 재치와 말솜씨로 권력을 풍자한 '골계열전', 부를 추구하는 것은 인간의 본능이라며 세상에 회자되는 부자들을 다룬 '화식열전' 등이 그렇다. 이들 열전을 통해 사마천은 권력을 휘두르는 제왕뿐 아니라 저잣거리 백성의 마음을 움직였던 수많은 인물들 역시 역사를 수놓는 주인공임을 강조하고 있다. 의를 실천하려 했다가 화를 당한 자신의 삶까지 포함하여, 법의 잣대나 힘의 논리만으로 설명할 수 없는 인간사에 대한 깊은 안목을 드러낸 책, 『사기』는 그런 책이다.

또한 「열전」은 그 인물을 제대로 파악할 수 있는 일화를 곳곳에 삽입하여 인물 고유의 개성을 드러내는 방식을 채택하였다. '관안열전'의 경우 춘추시대 제나라의 재상이었던 관중과 안영의 일대기를 다루지만, 그들의 업적을 중심으로 하지 않았다. '관포지교'의 유래가 된 친구 포숙과의 인연, 안영과 마부 각각의 삶의 태도 등을 내세워 업적만으로 알 수 없는 그들의 삶을 입체적으로 느낄 수 있도록 했다. 진나라 말기 왕위 계승을 둘러싸고 결정적인 역할을 한 조고의 경우 그 간악한 술수는 쓰되 한 편의 열전으로 떼어 기록할 가치는 없다고 여겨 '이사열전' 등의 다른 편에 집어넣었다. 이를 통해 사마천은 사람이 살아가는 다양한 방식을 보여 주고 있다.

3. 어떻게 살아야 하는가를 묻는「사기열전」

이 책『낭송 사기열전』에서는 이러한 사마천의 의도를
살려 업적보다는 일화 중심으로 뽑아보았다. 그 일화
들로 그들의 삶 전체를 조망할 수는 없지만 운명을 결
정하는 극적인 순간을 포착할 수 있다. 비극적 최후를
맞이할 수밖에 없었던 이들이 있었는가 하면 재치를
발휘하여 위기를 모면하기도 했다. 그들의 선택이 빚
은 결과를 다음과 같이 나누어 보았다.

첫째, 출중한 능력을 발휘했으나 비극적 삶을 산 이
들이다. 진나라에서 새로운 법 체계를 구축했으나 모
함으로 죽음을 맞이한 상앙, 명장수로 이름을 날렸던
오기, 오자서 등이다. 또 직언을 서슴지 않았던 굴원,
뛰어난 능력 때문에 친구의 배신을 겪어야 했던 손빈,
한비도 있다. 명성에는 여지없이 모함이 따라붙었으
니 비극이 아닐 수 없다.

둘째, 끝을 모르는 욕심으로 온갖 권모술수에 연루
되어 스스로 화를 자초한 인물들이다. 출세의 야망으

로 천하를 통일하는 데 앞장섰지만 멈출 수 없는 욕심 때문에 집안을 몰락시킨 이사, 어려운 시절 동고동락하며 신의를 맹세한 벗이었다가 권세를 위해 배신으로 막을 내린 장이와 진여, 자신의 능력을 과신하다 자신은 물론 40만 병사들까지 죽음으로 몰아간 조괄도 있다. 이를 통해 지나치지도 모자라지도 않는 지혜를 발휘하지 못하는 삶이 비극을 부를 수 있다는 교훈을 떠올리게 된다.

셋째, 시대의 운에 자신을 맡기고 주어진 일에 목숨을 걸었으나 때를 놓치고 삶을 마감한 이들이다. 한고조 유방의 통일에 앞장선 장수였으나 견제의 대상이 되어 버린 한신, 전쟁의 영웅이었지만 때를 잘못 만났던 이장군, 민심을 따라 적진에 홀로 들어갔다 삶겨 죽은 역생 등이다. 이들의 삶은 비극이었지만 그 기세만은 후세의 귀감이 되기에 충분했다.

넷째, 재주로 한 시대를 주름잡은 이들도 있다. 말재주로 전국시대 합종연횡을 주도한 소진과 장의. 이들 역시 한 시대를 주도했지만 결국 평탄한 죽음을 맞이하지는 못했다. 진나라 장수 몽염, 몽의 형제는 통일의 기반을 다지는 데 전생을 바쳤으나 억울하게 죽을 수밖에 없었다. 하찮은 재주도 눈여겨 본 맹상군의 안목은 위기를 모면하는 기회를 주었다. 손무의 용병술은 교만한 합려를 혼쭐냈다. 전단의 기이한 술책도 눈에 띈다. 재주 하나로 운명이 좌우되기도 했던 이들이다.

다섯째, 자신을 알아주는 지기知己의 인연들과 함께한 이들이다. 자객 예양, 형가가 있고, 포숙의 인정으로 더 유명한 관중, 문경지교의 염파와 인상여, 의협심으로 세상에서 인정받은 유협들도 있다. 이들을 보노라면 사람의 마음을 얻어 적을 만들지 않는 지혜가 엿보인다.

여섯째, 혼탁한 세상을 사유하고 자신만의 길을 걸어가 후세에게 질문을 던지는 이들이었다. 주나라의 무력 정벌에 저항하여 굶어죽은 백이와 숙제, 세상에 이름난 제자들을 길러낸 공자, 무위無爲의 도를 설파한 노자, 그 뒤를 이은 장자, 역사서를 후세에 남기기 위해 치욕을 감내한 사마천도 있다. 이들이 던진 질문은 2천 년의 세월을 넘어 현재에도 늘 빛을 발한다. 그 외에도 사마천의 역사관에 의해서 도드라진 역사의 또 다른 주인공들의 다양한 일화들도 하나의 부로 엮었다.

사마천은 스스로에게 부여했던 사명과 느닷없이

닥친 불행을 직조하여 거대한 인간의 파노라마를 그려 냈다. 붓을 놓았을 때 그는 해답을 찾았을까? 모를 일이다. 다만 때로는 한없이 어리석으나 어느 순간 장엄한 빛을 발하기도 하는 인간과 마주하라 한다. 그리고 이렇게 묻는다.

"사람이라면 어떻게 살아야 하는가?"

낭송Q시리즈
낭송 사기열전

1부
명성에는 모함이 따른다

1-1.
상앙, 법으로 다스리다 ① :
효공에게 발탁되다

상군商君은 위衛나라 왕의 여러 첩들이 낳은 공자들 중 하나로, 이름은 앙鞅이고, 성은 공손公孫이다. 상앙은 젊어서부터 법가의 학문을 좋아했으며 위魏나라 재상인 공숙좌를 섬겼다. 공숙좌가 병들자 왕이 병문안을 왔다. 왕이 간 후 공숙좌는 상앙을 불러 이렇게 사과했다.

"오늘 왕께서 나를 이을 재상감을 묻길래 당신을 추천했소. 그러나 왕의 낯빛을 보니 받아들이지 않을 것 같았소. 나는 왕에게 충성하고 나서야 신하를 돌보아야 한다고 생각했소. 그래서 왕께 당신을 쓰지 않으려면 죽이라 했소. 왕은 그렇게 한다 했소. 그러니 당신은 어서 떠나시오."

"왕께서 당신 말을 듣고 나를 발탁하지 않았다면서 죽이라는 말은 들을까요?"

상앙은 끝내 떠나지 않았다.

위 혜왕은 공숙좌를 병문안하고 돌아와 신하들에게 말했다.

"공숙좌의 병이 깊어 내 마음이 슬프오. 과인에게 상앙을 재상으로 삼아 상의하라지 않겠소."

공숙좌가 세상을 떠난 후 상앙은 진秦나라 효공이 전국에 어진 이를 찾는다는 소식을 들었다. 효공은 목공의 패업을 이어 잃어버린 동쪽 땅을 되찾을 인재를 찾고 있었던 것이다. 상앙은 서쪽으로 가서 효공이 총애하는 경감을 통해 효공을 만났다. 세 번에 걸쳐 상앙을 만난 후 효공은 그를 등용했다. 그후 상앙이 법을 바꾸려고 하자 효공은 천하 사람들이 자신을 비방할까 염려스러웠다.

상앙이 말했다.

"확신을 가지고 행동하지 못하면 공명이 따르지 않고 성공할 수도 없습니다. 다른 사람보다 뛰어난 행동을 하다 보면 비난을 받게 마련이며, 남들이 모르는 지혜를 가지면 오만하다는 평을 듣기도 합니다. 또한 백성은 일을 시작할 때는 함께 도모할 수 없지만 일이 잘 되면 함께 즐길 수는 있습니다. 가장 높은 덕을 구하려면 세상의 평에 휘둘리지 않고, 큰 공을 세우자면 범속한 이들과 의논하지 않습니다. 그러므로 성인이 나라를 강하게 하려면 옛 풍습을 본받지 않고, 백성을 이롭게 할 수 있으면 옛 법도를 받들지 않습니다."

감룡이 말했다.

"옳지 않습니다. 성인은 옛 풍속을 그대로 두고 백성과 어우러지고, 지혜롭다면 법을 고치지 않고도 잘 다스릴 수 있습니다. 이미 시행되고 있는 법에 따라 다스리면 관리도 익숙하고 백성도 편안합니다."

상앙이 말했다.

"지혜로운 자는 법을 만들고, 어리석은 자는 법의 제한을 받으며, 현명한 자는 예를 고치고 평범한 자는 예에 매입니다."

두지가 말했다.

"백 배의 이익이 없으면 법을 고치면 안 되며 열 배의 효과가 없다면 그릇을 바꾸지 말라 했습니다. 옛 법을 본받으면 허물이 없고 옛 예법을 따르면 간사함이 없습니다."

상앙이 말했다.

"나라를 다스리는 데 한 가지 길만 있지 않습니다. 은나라 탕왕과 주나라 무왕은 옛 법을 따르지 않았음에도 왕이 되었습니다. 하나라 걸왕과 은나라 주왕은 예를 바꾸지 않았지만 멸망했습니다."

효공은 마침내 상앙에게 옛 법을 바꾸어 새로운 법을 정하도록 하였다.

1-2.
상앙, 법으로 다스리다 ② :
진나라의 기틀을 세우다

새로 만든 법에 따르면 열 집 또는 다섯 집을 한 조로 묶는다. 이들이 서로 감시하도록 하고, 한 집이 죄를 지으면 열 집이 똑같이 벌을 받는다. 죄 지은 것을 고발하지 않으면 허리를 자르는 벌로 다스리고, 고발하면 적의 머리를 벤 것과 같은 상을 준다. 죄를 숨기다 발각되면 적에게 항복한 사람과 똑같은 벌을 준다.

한 집에 성년 남자가 두 명 이상 함께 살면 부역과 조세를 두 배로 한다. 군대에서 공을 세우면 그 공의 크고 작음에 따라 벼슬을 받았다. 사사로운 싸움을 일삼는 자는 각각 그 죄를 따져 벌을 받는다. 밭을 갈고 길쌈을 하여 곡식이나 비단을 많이 바치면 부역과 조세를 면제한다. 장사를 해 이익을 탐하는 자나 게을러 가난한 자는 모두 체포해 관청의 노비로 삼는다.

군주의 친척이라도 전쟁에서 공을 세우지 못하면 심사를 거쳐 귀족으로서의 특권을 누릴 수 없다. 신분, 작위, 봉록의 등급을 분명히 하여 차등을 두어 토지와 집, 노비의 수, 의복의 종류와 형식을 작위의 등급에 따르게 했다. 전쟁에서 공을 세운 사람은 영예를 누리지만 공을 세우지 못한 사람은 아무리 부유해도 명예를 얻을 수 없다.

법령은 갖추어졌으나 백성이 믿지 않을까 싶어 널리 알리지 않았다. 그러고는 세 길이 되는 나무를 도성 저잣거리 남쪽 문에 세우고 백성들에게 알렸다.

"이 나무를 북문으로 옮기는 자에게 십 금을 주겠다."

백성들은 이것을 이상하게 여길 뿐 나서는 자가 없었다. 다시 알렸다.

"이것을 옮기는 자에게 오십 금을 주겠다."

어떤 사람이 그렇게 하자 즉시 오십 금을 주어 나라에서 백성을 속이지 않음을 분명히 했다. 그러고는 새 법령을 널리 알렸다.

법령이 시행된 지 십 년이 지나자, 진나라 백성은 매우 만족했다. 길에 물건이 떨어져 있어도 주워가지 않았다. 산에는 도둑들이 없었고 백성의 살림살이는 넉넉했으며, 사람마다 마음이 너그러웠다. 백성들은 나라를 위한 싸움에는 용감하고 사소한 싸움을 두려워했다. 도시나 시골은 모두 잘 다스려졌다. 진나라 백성 중에 예전에는 법령이 불편했으나 이제는 편하다고 하는 자가 있었다. 상앙이 말했다.

"이러한 자는 조화를 어지럽히는 자다."

그러고는 그들을 변방으로 쫓아 버렸다. 그 뒤로 새로운 법에 대해 감히 떠드는 자가 없었다. 이후 진나라는 함양에 궁궐을 짓고 도읍을 옹에서 함양으로 옮겼다. 또 작은 마을을 모아 현을 만들고 현령을 파견하니 모두 서른 한 개의 현이 되었다. 농지를 정리하여 농사를 짓게 하고 조세를 공평하게 하며 도량형도 통일했다.

1-3.
상앙, 법으로 다스리다 ③ :
법의 폐단이 이 지경까지

상앙은 태자가 법을 어기니 법에 따라 태자를 처벌하려고 했다. 그것이 어렵게 되자 태부의 목을 베고 태사의 이마에 글자를 새기는 형벌을 가했다. 그 다음부터 진나라 백성은 모두 새로운 법령을 지켰다.

효공이 죽고 태자가 왕위를 이었다. 태부의 무리였던 이들은 상앙이 반란을 일으키려 한다고 모함했다. 왕이 그를 잡아오라 했다. 상앙이 도망쳐 국경에 이르러 여관에 들어갔다.

여관 주인은 이렇게 말했다.

"상군의 법에 여행증이 없는 손님을 묵게 하면 처벌 받습니다."

상앙은 탄식했다.

"아! 법을 만든 폐단이 결국에는 이 지경까지 미치는
구나."
그는 위나라로 도망갔으나 받아들여지지 않았다. 다시
진나라로 돌아와 자신을 따르는 무리를 이끌고 정나라
를 공격했다. 진나라는 정나라에 군대를 보내어 상앙을
죽였다. 진 혜왕은 상앙을 거열형으로 다스리고 이렇게
말했다.
"상앙처럼 모반하지 말라!"
그리고 상앙의 집안을 멸족시켰다._상군열전

1-4.
명성에는 모함이 따른다

오기吳起는 위衛나라 사람으로 병사들을 잘 다루었다. 그는 어려서 증자에게 학문을 배우고 노나라 왕을 섬겼다. 제나라가 노나라를 공격하자 오기를 장군으로 임명하고자 했다. 그러나 오기의 아내가 제나라 여자인 것이 걸렸다. 오기는 아내를 죽여 제나라 편이 아님을 밝혔다. 그는 장군으로 임명되어 제나라를 크게 무찔렀다.

노나라의 어떤 사람이 오기를 이렇게 비난했다.

"오기는 의심이 많고 잔인하다. 그가 젊어서 벼슬을 구하러 나가 집안의 재산을 탕진했으나 실패하고 돌아왔다. 마을 사람들이 그것을 비웃자 자신을 욕한 삼십여 명을 죽이고 동쪽으로 떠났다. 오기는 어머니와 헤어질 때 자기 팔을 깨물어 재상이 되기 전에는 고향으로 돌아오지 않겠다고 맹세했다. 그후 증자를 섬기고 있을 때, 자신의 어머니가 죽었다는데도 돌아가지 않았다. 증자는 그런 오기를 내쳤다. 이에 오기는 노나라로 와서 병법을 배워 노나라 왕을 섬기게 되었다. 왕이 의심하자 아내를 죽여서까지 장군이 되려고 했다. 무릇 노나라처럼 작은 나라가 큰 나라와 싸워 이긴 것이 알려지면 다른 나라의 표적이 되기 십상이다. 더구나 노나라와 위나라는 형제의 나라이거늘, 왕이 오기를 거두는 것은 위나라를 버리는 일이다."

이 소문을 들은 노나라 왕은 오기를 내쳤다.

오기는 위魏나라 문후를 섬기게 되었다.

오기는 위나라 장수가 되자 병사들과 똑같이 입고 먹고 자면서 행군 때도 말이나 수레에 타지 않고 그들과 함께 했다. 한번은 병사가 종기가 나자 직접 고름을 빨아 낫게 해주었다. 병사의 어머니가 그 소식을 듣고 울었다. 어떤 이가 까닭을 물었다.

"예전에 오공께서 애 아버지의 종기를 빨아 준 일이 있었습니다. 그후 남편은 몸을 돌보지 않고 싸움에 앞장서다 적에게 죽었습니다. 지금 오공이 제 자식의 종기를 빨

아 주었으니 이 아이도 언제 죽게 될지 모릅니다. 그래서
웁니다."

문후는 오기가 병사들을 잘 이끄는 것을 보고 서하 태수
로 삼아 다른 나라의 공격에 대비했다.

이후 문후가 죽고 무후가 그 뒤를 이었다. 무후의 신임을
받아 위나라 재상이 된 공숙은 오기를 시기했다. 공숙의
하인이 말했다.

"오기는 지조가 있고 청렴하고 명예를 귀히 여기는 자입
니다. 먼저 왕께 '오기는 현명하지만 우리나라가 작은 데
다 강한 진나라와 맞닿아 있으니 그가 오래 머물지 않을
까 걱정입니다'라고 하십시오. 왕이 어떻게 하는 게 좋을
지 물을 것입니다. '공주를 아내로 주겠다며 시험해 보십
시오. 오기가 우리나라에 머물 마음이 있으면 받아들일
것이고 아니라면 반드시 사양할 것입니다'라고 하십시
오. 그 다음에 오기를 집으로 초대하십시오. 나리께서 공
주를 화나게 해서 나리에게 함부로 행동하는 것을 그가
보게 하십시오. 그럼 오기는 분명 왕의 제안을 거절할 것
입니다."

그대로 했더니 역시 오기는 무후의 제안을 받아들이지
않았다. 이후 무후는 오기를 의심하게 되었다. 오기는 두

려워져 위나라를 떠나 초나라로 갔다.

초나라의 도왕은 오기의 명성을 듣고 있었으므로 곧 오기를 재상으로 임명했다. 오기는 법령을 바로 세우고 불필요한 관직을 없앴으며, 왕실과 인척 관계가 먼 왕족들의 봉록을 파기했다. 그로 인해 거둔 재물로 군대를 키웠다. 그가 중점을 둔 것은 병력을 키워 합종이나 연횡을 내세우며 유세하는 자들을 물리치는 것이었다. 제후들은 초나라가 점점 강해지는 것을 염려했다.

그러자 초나라 왕족이었던 이들은 너나할 것 없이 오기를 죽일 기회만을 노리게 되었다. 왕족들은 도왕이 죽자 난을 일으켜 오기를 공격했다. 달아난 그는 도왕의 시신에 이르러 그 위에 엎어졌다. 뒤쫓던 무리들이 일제히 화살을 쏘았다. 화살은 오기의 몸에 박혔지만 도왕의 시신에도 꽂혔다. 도왕의 장례식 후 태자가 즉위하여 오기를 죽이려고 왕의 시신에까지 화살을 쏘아댄 무리들을 모두 죽이라 명령했다. 오기를 죽인 일에 가담한 일족으로 죽은 자가 칠십여 집안에 달했다. _손자·오기열전

1-5.
오자서의 복수 ① :
왕의 시신에 삼백 번 채찍질하다

오자서伍子胥는 초楚나라 사람이다. 오자서의 아버지 오사는 초나라 평왕을 섬겼다. 평왕은 오사를 태자의 큰 스승 태부太傅로 삼고 비무기를 작은 스승 소부少傅로 삼았는데 비무기는 태자에게 마음을 다하지 않았다. 평왕이 비무기에게 진나라로 가서 태자의 아내를 맞이해 오도록 했다. 그는 진나라의 공주가 미인인 것을 알고 되돌아와 평왕에게 이렇게 말했다.

"진나라의 공주가 빼어난 미인이라 하옵니다. 왕께서는 직접 진나라 공주를 취하시고 태자에게는 다른 아내를 구해 주십시오."

이에 평왕은 비무기의 말대로 했다. 이 일로 평왕의 총애를 받게 되자 그는 사사건건 태자를 헐뜯었다.

"태자가 지난번 진나라 공주의 일로 원한을 품었을 것입니다. 그러니 왕께서는 태자를 조심해야 합니다. 지금 태자는 성보읍의 수장이 된 뒤로 밖으로 제후들을 사귀어 반란을 일으키려 합니다."

평왕은 태부 오사를 불러 캐물었다. 오사는 이것이 비무기의 소행임을 알고 있었다.

"왕께서는 어찌 없는 죄를 고해 바치는 간신배 때문에 혈육을 멀리하려 하십니까?"

비무기가 되받아쳤다.

"만약 지금 왕께서 이들을 막지 못하면 반란이 일어나 포로가 되고 말 것입니다."

평왕은 오사를 옥에 가두고 성보읍에 사신을 보내 태자를 죽이도록 하였다. 태자는 사신이 도착하기 전에 송나라로 달아났다.

비무기가 또 말했다.

"오사의 두 아들은 모두 능력이 뛰어납니다. 이참에 그들을 없애버리지 않으면 초나라에 화근이 될 것입니다."

왕은 두 아들에게 사자를 보내 아버지를 살리려면 자신에게 오라고 명령했다.

오사의 큰아들 오상이 말했다.

"우리가 그곳으로 가더라도 아버지의 목숨을 구할 수 없다는 것은 나도 안다. 그러나 아버지를 구하기 위해 가지 않았다가 나중에 원수도 갚지 못하면 사람들의 웃음거리가 되고 말 것이다. 나는 그것이 싫기 때문에 가겠다."

오상이 스스로 사자에게 잡히자, 사자는 오자서마저 잡으려 했다. 오자서는 사자에게 활을 겨누어 협박하고는 달아났다. 오상은 아버지가 있는 초나라로 갔고, 평왕은 오사와 오상을 모두 죽였다.

오자서는 도망친 후 병에 걸리기도 하고, 구걸로 목숨을 부지하는 고생도 한 끝에 오나라에 이르렀다. 당시 오나라 공자였던 광은 요왕을 물리치고 왕위에 오르려는 야망을 품고 있었다. 오자서는 지금은 나설 때가 아님을 파악하고 광에게 전제를 소개하고 물러났다. 그후 오나라 도성이 비게 되자 공자 광은 전제에게 왕을 암살하게 하고 왕위를 차지하니 바로 합려다. 합려 9년 초나라를 공격했다. 오나라는 다섯 번의 전투를 치른 끝에 초나라의 수도 영을 점령했다. 오자서는 초 소왕을 잡으려 했으나 뜻을 이루지 못하자 평왕의 무덤을 파헤쳤다. 그러고는 그 시신을 꺼내어 삼백 번이나 채찍질을 한 후에야 멈추었다.

1-6.
오자서의 복수 ② :
멸망의 저주를 부르짖다

오나라와 월나라가 싸우던 중에 오나라 왕 합려가 죽었다. 그의 아들 부차가 왕위에 올라 백비를 총사령관인 태재太宰로 삼아 강력한 군대로 키웠다. 그후 월나라를 공격하여 월나라 왕 구천을 회계산까지 몰아냈다. 구천은 태재 백비에게 뇌물을 보내어 화해를 청했고, 오나라 왕은 이를 받아들이려고 했다. 오자서가 간언했다.

"월나라 왕 구천은 아무리 힘든 고통도 견딜 수 있는 사람입니다. 지금 그를 없애지 않으면 반드시 후회할 날이 닥칠 것입니다."

그러나 오나라 왕 부차는 오자서의 말을 듣지 않고 백비의 계책대로 월나라와 화친을 맺었다.

백비는 평소 오자서와 사이가 나빴기에 그를 이렇게 헐

뜯었다.

"예전에 왕께서 제나라를 치려 할 때 오자서는 반대했지만 왕께서는 결국 제나라를 쳐들어가 큰 공을 세웠습니다. 오자서는 자신의 계책을 채택하지 않은 것을 원망하고 있습니다. 지금 다시 제나라를 치려는 데 또 고집스럽게 반대합니다. 이것은 오직 이번 싸움에서 오나라가 져 자기 계책이 옳았음을 증명하려는 것일 뿐입니다. 그는 신하로서 자신의 뜻을 이루지 못했다 하여 안으로 원망을 쌓고 밖으로 다른 제후들에게 기웃거리고 있습니다. 왕께서는 이 점을 염두에 두고 대책을 세워야 합니다."

부차는 사신을 보내 오자서에게 칼을 내리며 말했다.

"그대는 이 칼로 자결하시오."

오자서는 하늘을 쳐다보며 탄식했다.

"없는 죄를 일삼아 아뢰는 백비가 나라를 위태롭게 하는데 왕은 오히려 나를 죽이려는구나! 나는 그의 아버지를 패자로 만들었다. 또한 그가 여러 태자들과 왕위를 다툴 때 목숨을 걸고 선왕에게 간해 그를 후계자로 삼도록 했다. 그가 왕위에 올라 나에게 오나라를 나눠주려 했을 때 나는 마다했다. 그런데 지금 일개 간신배의 말에 나를 죽이려 하다니!"

그러고는 가신들에게 이렇게 말했다.

"내 무덤 위에 가래나무를 심어 왕의 관을 짤 목재로 쓰이게 하라. 또한 내 눈을 꺼내어 오나라 동문에 매달아라. 월나라 구천이 쳐들어와 오나라가 멸망하는 것을 똑똑히 보고야 말리라."

오왕 부차는 이 말을 듣고 몹시 화가 났다. 그래서 오자서의 시체를 말가죽 자루에 넣어 강물에 던져 버렸다. 그후 월나라 왕 구천은 마침내 오나라를 멸망시키고 부차를 죽였다. 백비 역시 자기 나라 왕을 배신하고 뇌물을 받고 자신과 내통한 죄를 물어 죽였다. _오자서열전

1-7.
취한 세상에 홀로 깨어 있으니

굴원屈原의 이름은 평平으로 초楚나라 왕실과 같은 성이다. 그는 초 회왕懷王때에 벼슬길에 올랐다. 보고 들은 것이 많고 기억력이 좋았으며, 잘 다스려질 때와 혼란할 때의 일을 잘 파악하고 글을 쓰는 능력이 뛰어났다. 회왕은 그를 신임했으나 굴원의 능력을 시기한 신하의 모함을 듣고 그를 멀리했다. 굴원은 왕이 헐뜯고 아첨하는 말을 들으며 밝음이 흐려지고, 흉악하고 비뚤어진 말 때문에 공정함을 잃어버려 올곧은 사람을 내치는 것에 마음이 아팠다. 이에 깊은 사색 후에 「이소」를 지어 원망하는 마음을 달랬다.

굴원이 관직에서 쫓겨난 뒤 진나라는 제나라를 치기 위

해서 먼저 초나라를 속이려는 계획을 세웠다. 장의는 거 짓으로 초나라를 섬기기 위해 많은 예물과 함께 땅 육백 리까지 바치겠다고 했다. 초 회왕은 장의에게 속아 제나 라와 국교를 끊고 사신을 보내 땅을 받아오라 했다. 장의 는 땅 육 리를 준다고 했을 뿐이라고 시치미를 떼었다. 화가 난 회왕은 진나라를 공격했으나 크게 패하고 말았 다. 이듬해 진나라가 다시 화친을 맺고 싶다고 했을 때 회왕은 장의의 목숨을 요구했다. 장의는 회왕의 측근을 매수하여 다시 살아 돌아갔다. 이미 관직을 떠나 있었던 굴원은 다시 회왕을 찾아가 간언했다.

"어찌 장의를 죽이지 않으십니까?"

회왕은 그제야 정신을 차리고 장의를 뒤쫓았으나 이미 잡을 수 없었다. 그 뒤 초나라는 다시 진나라의 공격으로 장수까지 잃었다. 진나라 소왕이 초 회왕을 만나고자 했 다. 회왕이 가려고 하자 굴원이 말했다.

"진나라는 사나운 이리 같으니 믿으면 안 됩니다. 가지 마십시오."

그러나 회왕의 아들인 자란은 가라고 권했다.

"어찌 진나라의 호의를 거절하십니까?"

마침내 회왕은 진나라로 들어갔다. 진나라는 숨겨 두었

던 병사들을 풀어 초 회왕이 돌아갈 길을 막은 후, 회왕을 잡아두고 초나라에 땅을 떼어 줄 것을 요구했다. 초왕은 조나라로 도망쳤지만 조나라에서 그를 받아주지 않아 다시 진나라로 왔다 끝내 진나라에서 죽었다.

굴원은 이에 대해 사람을 제대로 알아보지 못해 생긴 재앙이라 여겼다. 왕이 현명하지 않은데 어찌 복이 있겠는가! 영윤이 된 자란이 이 말을 듣고 노하여 초 경양왕에게 굴원을 더욱 헐뜯었다. 경양왕은 이 말을 듣고 굴원을 멀리 내쫓았다.

굴원은 강가에 이르러 머리를 풀어헤치고 시를 읊었다. 그는 꾀죄죄한 데다 마른 나뭇가지처럼 야위었다. 어떤 어부가 그를 보고 물었다.

"당신은 삼려대부가 아니십니까? 무슨 일로 여기까지 왔습니까?"

굴원이 대답했다.

"온 세상이 탁한데 나 홀로 깨끗하고, 모든 사람이 취했는데 나 홀로 깨어 있어 쫓겨났소."

"무릇 성인은 물질에 방해 받지 않고 세속의 변화를 따를 수 있다고 합니다. 온 세상이 탁하다면 왜 그 흐름을 따라 물결을 타지 않으십니까? 왜 그 술지게미를 먹고 함께 취하지 않습니까? 어찌 그 아름다운 뜻을 가졌으면서 스스로 쫓겨나셨습니까?"

"머리를 새로 감은 사람은 반드시 관의 먼지를 털어내고 쓰며, 새로 목욕을 한 사람은 반드시 옷의 티끌을 떨어 입소. 사람이라면 누가 깨끗한 자신의 몸에 더러운 때를 묻히고 싶겠소? 차라리 강물에 몸을 던져 물고기 뱃속에서 장례를 치를지언정 어찌 깨끗한 몸에 세속의 더러운 티끌을 뒤집어쓰겠소!"

그러고 나서 「회사」懷沙라는 부賦를 지었다. 그러고는 돌을 안은 채 먹라강에 몸을 던져 죽었다. _ 굴원·가생열전

1-8.
내 다리를 잘랐느냐? 네 목을 잘라주마!

손빈孫臏과 방연龐涓은 어려서 함께 병법을 배웠다. 공부를 끝낸 방연이 위나라 혜왕을 섬겨 장군이 되었다. 그후 자신이 손빈보다 능력이 부족한 것이 두려워 몰래 사람을 시켜 손빈을 불렀다. 방연은 그가 도착하자 죄를 뒤집어씌워 두 다리를 자르고 얼굴에 글자를 새겨 세상에 나오지 못하도록 만들었다.

그 뒤 제나라 사자가 위나라에 왔을 때, 손빈은 몰래 제나라 사자를 만났다. 그는 손빈을 대단한 사람이라 여겼다. 그래서 몰래 수레에 태워 제나라로 데려갔다. 제나라 장군 전기는 그의 재능을 알아보고 빈객으로 맞이했다.

13년 뒤 위나라가 조나라와 함께 한나라를 공격했다. 한나라는 제나라에게 도움을 요청했다. 제나라는 전기를 장군으로 삼아 위나라 수도 대량으로 쳐들어갔다. 위나라 장군 방연은 이 소식을 듣고 수도로 돌아갔으나 제나라 군대가 방연보다 앞서 위나라 국경을 넘어 서쪽으로 이동하고 있었다. 손빈은 전기에게 말했다.

"싸움을 잘하는 사람은 그 형세를 잘 이용하여 유리하게 이끕니다. 우리 제나라 군대가 위나라 땅에 들어가면 첫날은 아궁이 십만 개, 다음 날은 아궁이 오만 개를 만들고, 또 그 다음 날은 삼만 개를 만들게 하십시오."

방연은 제나라 군대를 추격한 지 사흘째가 되자 몹시 기뻐하며 말했다.

"제나라 군대가 겁쟁이라 하더니 우리 땅에 들어 온지 삼 일만에 병사 절반이 달아났군."

손빈이 방연의 추격 속도를 어림해 보니 저녁 무렵이면 마릉에 다다를 것 같았다. 마릉은 길이 좁은 데다가 양쪽으로 험한 산이 많아서 병사들이 매복하기에 좋은 지형이었다. 손빈은 길 옆에 있는 큰 나무 앞으로 갔다. 그리고 나무껍질을 벗겨 내고 흰 바탕에 이렇게 썼다.

"방연은 이 나무 아래에서 죽을 것이다."

그 다음 제나라 병사 중에서 활 잘 쏘는 사람들을 뽑고 쇠뇌 일만 개를 준비했다. 그들을 길 양쪽에 매복시키며 말했다.

"밤에 불이 밝혀지는 동시에 활을 쏘아라."

밤이 깊어진 즈음 마침내 방연이 껍질이 벗겨진 나무 앞에 이르렀다. 그는 흰 부분에서 글을 발견하고 불을 밝혀 비추었다. 방연이 그 내용을 미처 파악하기도 전에 한꺼번에 수많은 쇠뇌들이 날아들었다. 위나라 병사들이 정신을 놓치고 사방으로 뿔뿔이 흩어졌다. 방연은 자신의 지혜가 다하여 싸움에 패배한 것을 알았다.

"결국 별 볼 일 없는 놈의 명성을 떨치게 했구나."

그러고는 칼을 들어 목을 찔렀다. _ 손자·오기열전

1-9.
알아도 피할 수 없었던 재앙

한비자韓非子는 한韓나라 공자로 형명刑名과 법술法術을 좋아했다. 한비는 말더듬이로 태어나 말은 잘 못했지만 글쓰기에는 뛰어났다. 순경의 제자로 이사와 동문수학 했는데 이사는 자신이 한비의 실력에 못 미친다고 여겼다. 한비는 한나라가 나날이 쇠약해지는 것을 보고 왕에게 여러 차례 글을 올려 간언했지만 받아들여지지 않았다. 그는 왕이 법과 제도를 바로 세우고 권세를 잡아 신하들을 부리는 데 힘쓰지 않고, 도리어 소인배를 등용하여 공이 있는 자보다 윗자리에 두는 것을 한탄했다. 또한 청렴하고 올곧은 충신들이 간신배의 모략에 휘말려 내쳐지는 것을 안타깝게 여겼다. 그리하여 옛날 왕들이 편 정책에서 성공과 실패를 따져 10여 만 자의 글을 지었다.

유세의 어려움을 논한 「세난」說難 편에서 그는 이렇게 말했다.

"진정 유세의 어려움은 내가 가진 지식으로 상대를 납득시키기 힘든 것이 아니요, 나의 말솜씨로 말하고자 하는 바를 정확하게 드러내지 못하는 것도 아니며, 또 내가 하고 싶은 말을 마음껏 하기 어렵다는 것도 아니다. 유세의 어려움은 왕의 마음을 헤아려 나의 말이 그에 합당하게 하는 데 있다.

예전에 미자하라는 사람이 위나라 왕에게 총애를 받았다. 당시 위나라 국법에 왕의 수레를 함부로 쓰는 자는 월형으로 다스렸다. 어느 날 밤 모친이 병이 났다는 소식을 들은 미자하는 왕의 명이라 속이고 군주의 수레를 타고 갔다. 이 사실을 알게 된 왕은 '효성이 지극하구나! 어미를 위하여 다리가 잘리는 형벌도 마다하지 않다니!'라고 했다.

어느 날은 왕과 미자하가 과수원에 갔는데 복숭아 맛을 보니 너무 달아 베어 먹은 것을 왕에게 바쳤다. '제 입의 맛남을 뿌리치고 나를 생각해 주다니, 나를 위하는 마음이 정녕 대단하구나!'라며 탄복했다. 시간이 흘러 미자하의 아름다움이 퇴색되어 왕의 총애를 잃게 될 즈음 미자하가 죄를 지었다. 왕은 이렇게 말했다.

'이 자는 예전에 나를 빙자하여 내 수레를 썼고, 제가 먹다 남은 복숭아를 나에게 주었다.'

미자하는 변함없이 행동했으나 처음에는 어질다고 여겨지고 나중에는 죄라고 판단하는 것은 왕의 애증이 변했기 때문이다. 고로 간언하는 유세자는 왕의 애증 여부를 잘 파악하고 나서야 유세할 수 있다. 용을 잘 길들이면 등을 타고 날 수도 있다. 그러나 용의 목 줄기 아래 한 자 길이의 거꾸로 난 비늘[逆鱗]이 있는데 사람이 그 여린 부분을 건드리면 반드시 그 자를 죽인다. 왕 또한 용의 역린이 있으니, 그 여린 곳을 건드리지 않고 능히 유세할 수 있다면 거의 이룰 수 있다."

이렇게 유세의 어려움에 대해 자세히 알았음에도 한비는 진시황에게 유세를 한 후 감옥에서 죽었다. 정작 자신은 그 위험에서 벗어나지 못했던 것이다. _노자·한비열전

낭송Q시리즈
낭송 사기열전

2부
멈추어야 할 때를 모르겠구나

2-1.
권세에 눈이 멀다 ① :
천하 통일의 주역이 되다

이사李斯는 초楚나라 사람이다. 그는 젊은 시절 군에서 낮은 직급의 관리로 있었다. 그는 관청 변소의 쥐들이 더러운 것을 먹다가도 사람이나 개가 다가오면 무서워서 다급하게 달아나는 것을 자주 보았다. 어느 날 창고에 들어가니 거기 사는 쥐들은 큰 집 아래서 쌓아 놓은 곡식을 먹으며 사니 사람이나 개도 아랑곳하지 않았다. 이것을 보고 그는 탄식하며 말했다.
"사람이 잘 나고 못난 것이 이런 쥐와 같으니, 자신이 처한 곳에 달렸을 뿐이로다!"

이사는 진나라 왕 앞에서 유세할 기회가 오자 이렇게 말했다.

"소인배는 기회를 놓치지만, 큰 성공을 이루자면 남의 약점을 노려 잔인하게 부려야 합니다. 진나라가 유리한 입지에서 제후들을 제압한 지도 여섯 대나 되었습니다. 이것은 만 년에 한 번 오는 기회입니다. 지금 서둘러서 이루지 않으면 제후들은 다시 강해집니다. 그러면 황제 같은 현명한 왕이라도 천하를 가질 수 없을 것입니다."

진나라 왕은 이사의 계략대로 했다. 제후국의 이름난 사람들 중 뇌물이 통하는 자에게는 후한 예물을 쓰고, 말을 듣지 않는 자는 날카로운 칼로 처단했다. 또 임금과 신하 사이를 이간질하는 수를 쓰면서 뒤로는 뛰어난 장수가 따르게 했다. 진나라 왕은 이사를 객경에 임명했다.

진나라는 마침내 천하를 통일하고 임금을 황제라 칭하고 이사는 승상이 되었다. 이사는 군현의 성벽을 부수고 무기를 불에 녹여서 다시는 쓰지 않겠다는 뜻을 드러냈다. 진나라는 한 자의 땅도 나누어 주지 않고 황제의 자제를 왕으로 삼거나 공신을 제후로 봉하지도 않았다.

시황제는 이사의 제안을 받아들여 『시경』詩經, 『서경』書經과 제자백가의 책을 몰수하고, 모든 백성들을 어리석게 하여 천하의 누구도 옛것에 비추어 지금 세상을 비판하지 못하게 했다. 법률과 제도를 밝히고 율령을 만들었다.

문자를 통일하고 천하의 이곳저곳에 왕의 별궁을 지었
다. 그 이듬해에는 천하를 돌아보고 사방의 오랑캐를 나
라 밖으로 몰아냈는데, 이 모든 일에 이사의 능력이 발휘
되었다.

2-2.
권세에 눈이 멀다 ② :
멈추어야 할 때를 모르겠구나

이사의 아들은 모두 진나라 왕의 사위가 되었고, 딸은 모두 진나라의 여러 공자에게 시집갔다. 삼천군 태수로 나갔던 이사의 큰아들 이유가 휴가를 얻어 함양으로 돌아오니 이사가 집에서 술자리를 베풀었다. 온갖 관직의 고관들이 모두 참석하니 대문 앞과 뜰에 놓인 수레와 말이 수천이었다. 이사가 한숨을 쉬며 서글프게 탄식했다.

"아! 나는 순자가 '사물이 과하게 넘치는 것을 금해야 한다'라고 한 말을 들었다. 나는 상채에서 태어난 평민이며 한낱 마을의 백성일 뿐이었다. 폐하께서 이런 나의 부족과 무능함을 모르고 발탁해 주셔서 오늘의 이 자리에 이르렀다. 지금 신하로서 나보다 높은 자도 없고 부귀도 극에 달했도다. 만물이 극에 달하면 쇠하거늘, 어디서 멈추어야 하는지 모르겠구나."

시황제가 사구에 이르렀을 때 병이 위독하여 세상을 떠났다. 이사는 황제가 궁궐을 떠나서 돌아다니다 죽은 데다 아직 태자가 정해지지 않았기 때문에 이 일을 비밀로 했다. 황제의 시신을 온량거에 안치하고, 관리들의 보고나 식사를 올리는 것은 예전과 다름없이 하면서 환관이 온량거 안에서 대부분의 일을 결재했다.

조고가 말했다.

"맏아들 부소는 강직하고 용맹하며 남을 믿으니 선비들이 따르고 싶어 하는 분입니다. 만일 그가 왕위를 이으면 반드시 몽염을 승상으로 삼을 것입니다. 그러면 승상께서는 이 자리를 내놓고 고향으로 돌아갈 수밖에 없습니다. 저는 시황제의 막내아들 호해를 가르치고 법을 배우게 한 지 몇 해가 되었는데 아직 잘못을 저지른 적이 없습니다. 진나라의 공자 가운데 그만 한 사람이 없지요. 왕의 뒤를 이을 만합니다. 승상은 잘 판단하십시오."

이사는 하늘을 우러러 한탄하며, 눈물을 흘렸다.

"아! 홀로 어지러운 세상을 만나 죽을 수도 없으니 어디에 내 목숨을 맡긴단 말인가!"

2-3.
권세에 눈이 멀다 ③ :
글로 죽음을 면하리라

이사의 아들 유는 삼천군 태수이나 오광 등의 도적 무리
가 삼천군을 지나가는데도 이를 막지 못했다. 삼천군의
일을 조사하는 관리가 이사를 문책했다. 이사는 벼슬을
잃을까 두려워하다 결국 2세 황제의 비위를 맞추는 글을
올렸다.

"무릇 현명한 군주는 온갖 수단을 다하여 신하의 잘못을
꾸짖고 벌주는 방법을 씁니다. 책임을 따져 물으면 신하
들은 능력을 다하여 군주를 따르지 않을 수 없습니다. 현
명한 군주가 오래도록 권세를 누리며 천하의 이익을 독
차지 할 수 있는 방법이 따로 있겠습니까? 군주 독자적
으로 결단하고 죄를 엄밀히 살펴 반드시 엄한 형벌을 내
리면 천하 사람들이 감히 죄를 짓지 못합니다. 그러므로

꾸짖고 벌주는 술책이 이루어지면 군주는 어떠한 욕망도 채울 수 있으며 신하와 백성들은 죄를 벗어나기에 급급하니 어찌 감히 배반을 도모하겠습니까?"

2세 황제는 기뻐하며 처벌을 더욱 엄격하게 했다. 백성에게 많은 세금을 걷는 자가 현명한 관리요, 사람을 많이 죽인 관리가 충신이었다. 이에 나다니는 사람 절반은 형벌을 받은 자이며, 형벌을 받아 죽은 자가 날이면 날마다 시장바닥에 쌓여갔다.

조고는 2세 황제가 승상 이사에게 화를 내는 틈을 타 말했다.

"승상에게 화를 내는 것은 위태롭습니다. 저 사구의 음모에 승상도 가담했습니다. 지금 폐하는 황제가 되셨지만 승상은 얻은 것이 없습니다. 또한 제가 구태여 말씀드리지 않았습니다만, 이유가 삼천군 태수인데 이번에 일어난 초나라 도둑 진승 등은 승상의 고향 근처 사람들입니다. 그래서 그들이 삼천군을 지나가도 이유는 성만 지킬 뿐 싸우려 하지 않았답니다. 그들 사이에 편지가 오간다는 말을 들었는데 확실한 증거가 없어 말씀드리지 않았습니다."

2세는 관리를 파견하여 삼천군 태수가 도둑과 내통한 정황을 조사하게 했다. 이사도 이런 상황을 들었다. 그래서 글로 조고의 단점을 말했다. 2세는 전부터 조고를 신임했기 때문에 듣지 않고 이사를 조고에게 넘겨 심문하게 했다. 조고가 이사를 심문하면서 천 번이 넘는 채찍질을 가하니 이사는 스스로 없는 죄를 자백했다. 그럼에도 이사는 자살하지 않았다. 변론에 자신이 있는 데다 공로도 크고 실제로 죄가 없으니 글을 올려 호소하면 2세가 용서하리라 믿었기 때문이다. 이사는 옥중에서 글을 올렸다. 글이 올라오자 조고는 그것을 버리고 2세에게 아뢰지 않았다.

2세 황제 2년 7월 이사는 다섯 가지 형벌을 모두 갖추어 그 죄를 따지고 함양의 시장바닥에서 허리가 잘리는 벌을 받았다. 이사는 옥에서 나와 함께 잡힌 둘째 아들을 보며 말했다.

"내 너와 함께 다시 한 번 누런 개를 데리고 상채 동쪽 주변으로 나가 토끼 사냥을 하려 했건만 이룰 수 없는 일이 되었구나."

아버지와 아들은 서로 울음을 터뜨렸고 삼족이 모두 죽음을 당했다._이사열전

2-4.
이 진귀한 재물

여불위呂不韋는 큰 상인으로 여러 곳을 오가며 싸게 사서 비싸게 파는 방법으로 천금을 모았다. 자초는 진나라 태자의 둘째 아들로 조나라에 볼모로 보내졌다. 자초는 많은 서자 중 하나로 재물이 넉넉지 않고 궁핍하여 의기소침해진 형편이었다. 여불위는 한단으로 물건을 사러 갔다가 그의 처지를 알게 되었다.

"이 진귀한 재물은 사서 두면 가치가 있겠다."

여불위는 한단에서 뛰어난 외모에 춤도 잘 추는 여자를 얻어 함께 살았는데, 그녀가 임신한 것을 알게 되었다. 그런데 자초가 여불위의 집에서 술을 마시다가 그녀를 보고 한눈에 반했다. 자초는 그녀를 달라고 했다. 여불위는 울화가 치밀었지만 이미 전 재산을 자초를 위해 쓰고 있는 형편이라 어쩔 수 없이 여자를 바쳤다. 그녀는 임신 사실을 숨기고 만삭이 되어 정이라는 아들을 낳았다. 자초는 마침내 그녀를 부인으로 삼았다.

자초가 진나라 왕이 되어 3년 만에 죽자, 태자 정이 왕위에 올랐다. 정은 여불위를 상경으로 삼고 '작은아버지'라 불렀다. 태후는 때때로 몰래 여불위와 사사로운 정을 주고받았다. 여불위 집안에는 하인이 만 명이나 되었다.

이 무렵 다른 나라의 공자들이 앞다투어 빈객을 맞았는데, 여불위는 진나라가 그렇지 못한 것을 부끄럽게 여겼다. 이에 선비들을 불러 모으니 3천이 넘었다. 여불위는 이들 빈객들에게 각자 보고 들은 것을 쓰게 하니 20만여 언이나 되었다. 여불위는 이것이야말로 천지만물과 고금의 일을 다 모았다 여겨 『여씨춘추』라 불렀다. 이 책을 함양의 시장 문 앞에 걸고 제후국의 빈객 중 한 글자라도 더하거나 뺄 수 있다면 천금을 주겠다고 널리 알렸다.

진시황이 점점 장년이 되어 가도 태후의 행실은 바뀌지

않았다. 여불위는 자신에게 화가 미칠까 두려워졌다. 이에 음경이 큰 노애라는 사람을 찾은 다음 태후에게 선보였다. 그후 노애에게 거짓 죄를 씌워 환관처럼 꾸며 태후를 모시게 했다. 태후는 노애와 정을 통해 아이까지 낳았다. 태후는 노애에게 많은 상을 내리고 모든 일은 노애가 결정했다.

시황제 9년에 어떤 이가 노애는 실제 환관이 아니라며 태후와의 일을 모두 고발했다. 시황제는 관리를 파견하여 낱낱이 밝히니 상국 여불위도 연관된 것을 알게 되었다. 노애의 삼족을 멸하고 태후가 낳은 아이들을 죽이고 태후는 옹 땅으로 내쫓았다. 진시황 10년 여불위를 관직에서 내쫓았다. 그후 1년이 지나도 제후국의 빈객과 사신들의 방문이 끊이지 않았다. 시황제는 그가 반란을 일으킬까 두려워 편지를 보내 말했다. "그대가 무슨 공로가 있다고 진나라가 그대에게 십만 호의 식읍을 내렸소? 그대가 진나라와 무슨 친족관계가 있다고 작은아버지라고 불리오? 그대는 가족을 데리고 촉 땅으로 옮기시오." 여불위는 자신의 입지가 점점 조여 옴을 느끼고 참수당할까 두려워 독주를 마시고 죽었다. _여불위열전

2-5.
지록위마指鹿爲馬

시황제 37년 황제가 세상을 두루 살피기 위해 나갈 때 중거부령 조고趙高가 황제의 옥새를 관리하는 부새령의 일까지 겸하면서 따라갔다. 시황제가 사구에서 병이 위독할 때 조고에게 명령해 맏아들 부소에게 다음과 같이 편지를 써서 보내도록 했다.

"몽염에게 군대를 맡기고 함양으로 와서 나의 유해를 받들어 장례를 지내라."

밀봉한 편지가 사자의 손에 이르기 전에 시황제가 세상을 떠났다. 조고는 옥새가 찍힌 편지를 쥐고 호해에게 말했다.

"황제께서 숨을 거두시며 맏아들에게만 글을 주었으니 그가 오면 곧 왕위를 이어 황제가 될 것입니다. 그러면 공자께서는 한 치의 땅도 받을 수 없습니다. 그래도 괜찮습니까?"

"형을 제치고 아우가 올라서는 것은 의가 아닙니다. 아버지의 뜻을 따르지 않는 것은 효가 아닙니다. 보잘것없는 재능으로 남의 공에 기대면 안 됩니다. 이 세 가지는 덕을 거스르는 것이니 세상 사람들은 복종하지 않고 몸은 위태롭고 사직을 받들 수 없습니다."

조고가 말했다.

"무릇 작은 일에 매여 큰 일을 잊으면 반드시 해로운 일이 있고, 의심으로 망설이다 후회하게 됩니다. 결단을 내리십시오. 그럼 귀신도 피해 갈 것이며 나중에는 성공할 것입니다."

호해는 2세 황제로 즉위하였다. 조고는 낭중령이 되어 2세 황제를 모시고 정권을 마음대로 휘둘렀다.

2세 황제는 조고에게 말했다.

"사람이 사는 것이 여섯 필의 말이 끄는 수레가 달려가는 것을 뚫린 틈으로 보는 것처럼 짧다고 하오. 이제 황제로 천하를 가졌으니 귀와 눈이 좋아하는 것과 타고난 내 수명을 모두 누리고 싶은데 어떤 방법이 있소?"

"저 사구에서 꾸민 일로 공자와 대신들의 의심이 그치지 않습니다. 그 자들이 마음으로 복종하지 않고 반란을 일으킬까 걱정이 됩니다. 선왕 때의 대신들을 물러나게 하고 폐하의 형제들을 멀리 하십시오. 폐하가 믿을 수 있는 자들을 새로 임명하여 가까이 두십시오."

2세는 공자 열두 명을 함양 시장바닥에서 죽이고, 공주 열 명을 두杜 땅에서 기둥에 묶고 창으로 찔러 죽였다. 그리고 그들의 재산을 모두 거두어들였다.

이사가 죽고 모든 일은 조고가 결정했다. 조고는 자신의 권력이 막중하다는 것을 알았다. 그래서 2세 황제에게 사슴을 바치고는 말이라 했다. 2세가 좌우에 있는 신하들에게 물었다.

"이것은 사슴이 아닌가?"

신하들이 한결같이 대답했다.

"말입니다."

2세 황제는 너무 놀라 스스로 정신이 이상하다 여겨 점을 치는 관리를 불러 점을 쳤다. 관리는 재계가 모자라니 덕을 많이 쌓아 재계를 올려야 한다고 했다. 재계를 위해 상림원으로 들어갔지만 2세 황제는 시늉만 하고 사냥이

나 하면서 놀았다. 그러던 중 상림원에 들어 온 어떤 사람에게 활을 쏘아 죽이고 말았다. 이에 조고는 궁궐에서 멀리 떨어진 곳으로 가서 재앙을 물리치는 기도를 드려야 한다고 간언했다.

2세 황제가 궁궐을 떠나 망이궁으로 옮겼다. 사흘 후 조고가 거짓 조서를 내려 위사들에게 흰 옷을 입고 무기를 들고 망이궁으로 향하게 했다. 그리고 자신은 한 발 먼저 들어가 2세 황제에게 이렇게 말했다.
"산동의 도적이 떼를 지어 쳐들어왔습니다."
2세 황제가 망루에 올라 이를 보고 겁에 질렸다. 조고는 이 틈을 타 2세 황제를 협박해 스스로 목숨을 끊게 했다. 조고가 황제의 옥새를 꺼내 찼다. 곁에 있는 신하들이 따르지 않았고 궁전에 오르자 궁전이 세 번이나 흔들렸다.

시황제의 손자 자영이 즉위했다. 그는 조고가 무서워 병을 핑계대고 조회에도 나가지 않았다. 그리고 환관 한담과 그의 아들과 모의해 조고를 죽일 계획을 세웠다. 조고가 왕을 문병하기 위해 왕의 처소 안으로 들어왔다. 한담이 조고를 찔러 죽이고 그의 삼족을 멸했다._이사열전

2-6.
내 아들은 장군감이 아니다

조사趙奢는 본래 조趙나라의 세금을 관장하는 전부리田部
吏였다. 왕이 그를 등용해 국가 세금을 거두게 하니, 나라
의 세금은 매우 공평하게 되었고, 백성들은 부유해졌으
며, 국고는 언제나 가득 차게 되었다. 그후 진나라가 한
나라를 공격했을 때, 한나라를 구원하기 위해 조사를 장
군으로 임명해 전쟁에 내보냈다. 조사는 한나라 연여의
좁고 험한 지형을 이용해 진나라 군대를 크게 무찔렀다.
조 혜문왕은 조사를 마복군馬服君에 봉하였다. 조사는 염
파, 인상여와 같은 지위에 오르게 되었다.

조 효성왕 때 진나라와 조나라 군대가 장평에서 다시 맞
붙게 되었다. 이때 조사는 이미 죽었고 인상여는 병이 깊
었다. 그래서 염파를 장군으로 파견했다. 염파는 진나라

군대가 공격해 와도 보루만 튼튼히 할 뿐 나가 싸우지 않았다. 진나라는 첩자를 보내 소문을 퍼뜨렸다.

"진나라는 오직 마복군의 아들 조괄趙括이 장군이 되는 것이 두려울 뿐이다."

이 말을 들은 조나라 왕은 염파 대신 조괄을 장군으로 삼으려 했다. 그러자 인상여가 말했다.

"왕께서는 명성만으로 조괄을 쓰려 하십니다. 그것은 마치 거문고를 연주할 때 쓰는 괘를 아교로 붙여서 고정시키고 연주하는 것과 같습니다. 조괄은 제 아버지가 쓴 병법 책만 읽었을 뿐 사태의 변화에 대처할 줄 모릅니다."

왕은 그 말을 듣지 않고 조괄을 장군으로 임명했다.

조괄은 어려서부터 병법을 배워 군대에 대해 자신보다 더 잘 아는 자는 없다고 자부했다. 일찍이 그는 아버지 조사와 병법을 논한 적이 있는데, 아버지 또한 그를 당할 수 없었다. 그러나 조사는 그를 칭찬하지 않았다. 조괄의 어머니가 그 까닭을 물었다.

"전쟁이란 목숨을 거는 것이오. 그런데 괄은 전쟁을 너무 쉽게 말하오. 조나라가 괄을 장군으로 삼지 않으면 다행이지만, 그렇지 않다면 분명 조나라 군대는 파멸할 것이오."

조괄이 전쟁터로 떠나려 할 때 그의 어머니는 왕에게 다음과 같은 글을 올렸다.

"제 아들을 장군으로 삼은 것을 거두어 주십시오."

"까닭이 무엇이오?"

"제 남편이 장군일 때 그가 직접 먹여 살리는 이가 수십 명이고, 벗은 수백 명이나 되었습니다. 왕이나 종실에서 상을 내리면 거느리는 군대의 벼슬아치나 사대부들에게 모두 나누어 주었습니다. 출전 명령을 받으면 그날부터 집안일에 신경 쓰지 않았습니다. 그런데 제 아들은 하루 아침에 장군이 되었건만 군대 벼슬아치들 중 누구도 그를 존경하지 않습니다. 왕께서 내린 돈과 비단은 자기 집에 감추어 두고 날마다 이익이 될 만한 땅이나 집을 사들입니다. 왕께서는 어찌 괄이 그 아버지와 같으리라 생각하십니까? 아버지와 아들은 마음을 쓰는 것부터 다릅니다. 부디 제 아들을 보내지 마십시오."

"더 이상 말하지 마시오. 이미 결정한 일이오."

"왕께서 굳이 제 아들을 보내시려거든, 아들이 책임을 다하지 못하더라도 저를 아들의 죄에 연루시켜 벌 받지 않도록 해 주십시오."

왕은 그렇게 하기로 약속했다.

조괄이 염파를 대신하여 군대를 지휘하게 되자마자 군령을 모두 바꾸고 군대의 벼슬아치를 모조리 갈아치웠다. 진나라 장군 백기가 이 소식을 듣고 병사들을 보내 일부러 달아나는 척하여 조나라 군대를 유인했다. 그리고 군대의 식량 운송로를 끊어 조나라 군대를 둘로 나누어 버렸다. 병사들이 조괄을 원망했다. 사십여 일이 지나자 조나라 병사들이 굶어죽어 갔다. 조괄은 정예부대를 앞세워서 직접 싸우러 나갔지만 진나라 병사가 쏜 화살에 맞아 죽었다. 조괄의 군대는 싸움에 지고 군사 수십만 명이 진나라에 항복했다. 조나라는 이 싸움을 치르면서 병사 사십오만 명을 잃었다. 조나라 왕은 앞서 한 약속 때문에 조괄의 어머니를 죽이지 않았다. _ 염파·인상여열전

2-7.
죽음 앞에 무너진 의리 ① :
고난을 함께 견디다

진나라가 위나라를 멸망시킨 지 여러 해 만에 위나라에 장이張耳와 진여陳餘라는 명사가 있다는 소문이 났다. 진나라는 두 사람을 찾기 위해 현상금을 걸었다. 이에 두 사람은 이름을 바꾸고 숨어서 어떤 마을의 문지기 노릇으로 연명했다. 어느 날 마을의 관리가 진여에게 잘못이 있다며 매질을 하자 진여가 반항하려 했다. 장이는 진여의 발을 밟으며 매를 맞도록 했다. 매질이 멎자 장이는 진여를 뽕나무 아래로 데려가서 꾸짖으며 말했다.

"지금 작은 치욕을 못 참아 한낱 관리의 손에 죽을 것이오?"

진여는 장이의 말을 수긍했다.

진섭陣涉이 난을 일으켜 진陳에 이르렀을 때, 장이와 진여는 진섭을 찾아가 만났다. 그들은 진섭에게 유세하여 무신군과 함께 조나라를 쳐들어갔다. 조나라에서 항복한 성이 삼십여 개가 넘었다. 장이와 진여는 무신군을 설득하여 스스로 조나라의 왕이 되게 했다. 그러나 얼마 후 장수 이량이 무신군을 죽이고 진秦나라로 투항해 버렸다. 장이와 진여는 다행히 위험을 알려주는 이들 덕분에 도망쳐 환란을 면했다. 그후 흩어진 조나라 병사들을 모았더니 수만 명이나 되었다. 한 빈객이 말했다.

"두 분은 다른 나라에서 온 떠돌이라 조나라에서 발을 붙이기 쉽지 않을 것입니다. 일단 조나라 후손을 왕으로 세우고 의리를 명분으로 내세우면 공을 이룰 수 있을 것입니다."

이에 그들은 조헐이라는 자를 찾아내어 조나라 왕으로 세웠다.

2-8.
죽음 앞에 무너진 의리 ② :
문경지교刎頸之交의 최후

장이가 조나라 왕과 함께 거록성에 들어갔는데 진나라 왕리가 이들을 포위했다. 진여는 수만의 군대를 거느리고 거록성 북쪽에 진영을 차렸다. 왕리의 군대가 맹렬히 거록성을 공격했다. 성 안에서는 병력은 적은데다 군량미까지 바닥날 지경이라, 진여에게 여러 차례 사람을 보내어 전진하라 재촉했다. 그러나 진여는 이 병력으로는 진나라와 대적할 수 없다고 생각해 감히 나설 엄두를 내지 못했다. 이렇게 몇 개월이 지나자 장이는 크게 노하여 자신의 수하를 보내 책망하였다.

"그대와 나는 문경지교를 맺은 사이오. 지금 왕과 내가 죽음에 이르러 촌각을 다투거늘 그대는 수만의 병사를 거느리고서 어찌 우리를 구원하러 나서지 않소. 이것이 죽음을 함께 하자는 의리요? 만약 그대에게 신의가 있어 진나라 군대에게 달려든다면 열에 한둘이라도 살아남을 것이오."

그러자 진여가 말했다.

"내가 보기에 전진해 보았자 조나라를 구원하기는커녕 군대를 모조리 잃을 뿐이오. 지금 함께 죽기를 각오하고 싸우지 않는 것은 조왕과 장이를 위해 진나라에 복수하기 위해서입니다. 지금 함께 죽고자 하는 것은 굶주린 범에게 고기를 던지는 것과 같으니 무슨 득을 보겠소?"

장이의 수하들이 말했다.

"일이 이 지경에 이르니 함께 죽어 신의를 지켜야지 어찌 뒷일 운운하십니까?"

결국 거록성을 지킬 수 있었던 것은 항우가 이끈 초나라 군대의 덕분이었다. 조왕과 장이는 거록성을 나와 여러 제후들에게 감사의 예를 다하였다. 장이는 진여를 만나 조나라를 구하는 데 앞장서지 않은 것을 꾸짖으며 자신의 수하들이 어디 있는지 찾았다.

"그들은 나에게 죽기를 각오하고 싸워야 한다고 꾸짖었소. 그래서 내가 그들에게 병사 오천을 주면서 먼저 진나라 군대에게 맞서 보라 했더니 모두 죽어 돌아오지 못하였소."

장이는 진여가 그의 수하들을 죽였으리라 짐작하고 더욱 집요하게 캐물었다. 진여는 화가 나서 장군의 인수를 풀어 장이에게 내밀고 나가 버렸다. 결국 장이는 진여의 부대를 거두었고 이 일로 두 사람 사이에는 틈이 생겼다. 그후 장이는 한漢나라로 달아났다. 한나라 3년, 왕은 장이와 한신을 보내 정형井陘에서 조나라를 깨트렸고 진여를 베었다. _ 장이·진여열전

2-9.
비밀의 반격

춘신군春申君이 초나라의 재상으로 있을 때 조나라 사람 이원李園이 누이동생을 바쳤다. 이원은 누이동생이 임신한 것을 안 후 그녀와 일을 꾸몄다. 누이동생이 춘신군에게 말했다.

"초나라 왕은 당신을 형제처럼 여깁니다. 지금 당신은 이십 년 동안이나 초나라 재상 자리에 있었고 왕께는 아들이 없습니다. 만일 왕께서 돌아가신다면 왕의 형제가 왕위에 오르겠지요. 그동안 높은 자리에 있으면서 왕의 형제들에게 거슬리는 일도 없지 않았을 것입니다. 그러니 그들이 왕위에 오르면 당신에게 재앙이 닥치니 지금의 권세를 어찌 누리겠습니까? 지금 제가 임신한 것을 아무도 모르고 당신의 총애를 받은 지도 얼마 되지 않습니다. 그러니 지금의 지위를 이용하여 저를 초왕에게 바쳐 주십시오. 반드시 왕의 총애를 구하겠습니다. 하늘이 도와 제가 사내아이를 낳는다면 당신의 아들이 왕이 될 것입니다. 뜻하지 않는 재앙이 닥치는 것보다 낫지 않겠습니까?"

춘신군이 그럴듯하다 싶어 결국 이원의 누이를 초나라 왕에게 추천하였고 왕은 그녀를 아꼈다. 드디어 그녀가 사내아이를 낳자, 왕은 그 아들을 태자로 삼고 이원의 누이는 왕후가 되었다. 이원은 그들의 비밀이 새어 나오거나, 그 일로 춘신군이 교만해질까 염려하여 그를 죽여 입을 막을 날만 기다렸다. 그러나 초나라에서는 이미 많은 사람이 이 일을 알고 있었다.

춘신군의 빈객 주영이 말했다.

"저를 낭중으로 임명해 주십시오. 초나라 왕이 죽으면 이원이 제일 먼저 궁궐로 들어올 것입니다. 제가 당신을 위하여 이원을 죽이겠습니다. 이것만이 재앙을 막을 수 있는 인사입니다."

춘신군이 말했다.

"그만두시오. 이원은 나약한 사람인 데다 내가 그에게

정성을 다하는데 어찌 그런 일이 일어나겠소."

주영은 자기 의견이 받아들여지지 않은 데다 재앙이 자신에게 미칠까 두려워 달아났다.

얼마 후 초 고열왕이 죽었다. 왕이 죽자마자 이원은 궁궐로 들어와 자신의 병사들을 궁궐을 들어서는 문 안에 숨겼다. 춘신군이 그 문에 들어서자마자 병사들이 그의 머리를 베어 문 밖으로 던졌다. 곧이어 춘신군 집안사람들을 모조리 죽였다._춘신군열전

낭송Q시리즈
낭송 사기열전

3부
시대가 만든 영웅,
시대가 버리다

3-1.
토사구팽 ① :
가랑이 밑을 기다

한신韓信은 처음 평민일 때에는 가난한 데다 방탕하여서 관리로 추천받지도 못했다. 또 장사를 할 능력도 없어 남을 따라다니며 얻어먹어서 사람들이 싫어했다. 남창 마을 이장의 집에서 밥을 얻어먹은 것이 여러 달이 되었다. 그의 아내는 한신이 귀찮아졌다. 그래서 새벽에 밥을 해서 이불 속에서 먹어치우고 식사 시간에 한신이 와도 밥을 차려 주지 않았다. 나중에 한신은 그 뜻을 알고 그 집 안에 발길을 끊었다. 빨래터에서 빨래를 하던 여러 아낙들 중 한 명이 한신이 늘 굶주린다는 것을 알고 수십 일 동안 밥을 주었다. 한신이 기뻐하며 말했다.

"내 언젠가는 이 은혜를 꼭 갚겠소."

그랬더니 아낙이 화를 내며 말했다.

"사내대장부가 제 힘으로 빌어먹지도 못하는 것이 가여워 밥을 주었을 뿐인데 어찌 보답을 바라고 한 일이겠습니까?"

마을의 한 젊은이가 한신을 업신여기면서 말했다.

"너는 칼만 찼을 뿐 겁쟁이가 틀림없지. 네 놈이 죽기를 두려워하지 않는다면 나를 찌르고, 그렇지 않다면 내 가랑이 사이로 기어 나가라."

한신은 그를 한참 동안 물끄러미 바라보다가 몸을 구부려 가랑이 밑으로 기어나갔다. 이후로 사람들은 한결같이 그를 겁쟁이라 했다.

그후 한신은 유방을 만나 자신의 계책을 설명하였다. 유방은 그를 늦게 얻었음을 안타까워하며 대장에 임명했다. 대장이 된 한신은 이후 초나라를 깨트려 서쪽으로 진출을 막았고, 제나라를 평정하고 제나라 왕이 되었다가 초나라 왕이 되기에 이르렀다.

한신은 초나라에 이르러 일찍이 빨래터에서 빨래를 하며 자신에게 밥을 준 아낙을 불러 천금을 내렸다. 남창 마을 이장에게는 백 전을 내리면서 말했다.

"그대는 소인이다. 남에게 은혜를 베풀다 중도에 그만두었기 때문이다."

또 자기를 욕보인 젊은이들 가운데 자기에게 가랑이 밑으로 기어가게 했던 자를 불러 벼슬을 내리고 여러 장군과 재상에게 말했다.

"이 사람은 장사다. 나에게 모욕을 주었을 때 내 어찌 이 사람을 죽일 수 없었겠는가? 그를 죽여도 이름이 드러날 것이 없었기 때문에 참고 오늘의 공을 이룬 것이다."

3-2.
토사구팽 ② :
배수진背水陣을 치라!

한신은 장이와 함께 병사 수만 명을 이끌고 동쪽으로 나아가 정형에서 내려와 조나라를 치려고 했다. 이 소식을 들은 조나라 왕과 진여가 병사들을 불러모으자, 20만 명이 정형 어귀에 모였다. 이좌거가 말했다.

"지금 저들이 주둔한 정형은 길이 좁아서 수레 두 대가 함께 지날 수 없으니, 군량미는 반드시 뒤에 있을 것입니다. 저에게 기습할 수 있는 병사 3만 명만 빌려 주시면 지름길로 가서 군량미 수송대를 점령하겠습니다."

진여는 유학을 배웠다. 그래서 언제나 의로운 군대라 칭하며 속이거나 기이한 계책을 쓰지 않았다. 그가 말했다.

"병법에 따르면 우리의 병력이 열 배가 되면 적을 포위하고 두 배가 되면 싸우라 했소. 지금 한신의 병사가 수만 명이라 하지만 실제는 수천 정도일 것이오. 게다가 천리나 떨어진 먼 길을 와서 공격하는 것이니 기력도 떨어졌을 것이오. 지금 이런 적과 싸우지 않는다면 장차 큰 적과는 어떻게 대적하겠소? 주변의 제후들도 이런 우리를 함부로 여겨 쉽게 쳐들어 올 것이오."
라며 이좌거의 계책을 쓰지 않았다.

한신은 이좌거의 계책이 거부된 것을 알고 기뻐하며 군대를 이끌고 정형으로 나아갔다. 정형 어귀에서 삼십 리 떨어진 곳에 진영을 차렸다. 밤중에 가벼운 무장을 한 기병 이천 명을 뽑았다. 그들에게 붉은 깃발을 한 개씩 들려 지름길을 통해 산 속에 숨어 조나라 군대의 향방을 살펴보라면서 다음과 같이 명령했다.
"조나라 군대가 우리가 달아나면 반드시 성벽을 벗어나 우리를 쫓을 것이다. 그러면 너희들은 쏜살같이 성 안으로 들어가 조나라의 기를 내리고 한나라의 붉은 기를 세워라."
그러고는 비장에게 명령해 전군에게 가벼운 식사를 주라고 했다.
"오늘 조나라 군대를 무찌르고 다 함께 모여서 배불리

먹자."

장수들은 아무도 한신의 말을 믿지 않았다. 그래서 마지
못해 그러자고 대답했다.

한신은 일진으로 만 명을 앞세워 조나라 군대 앞으로 전
진시키고, 정형 어귀로 나가 물을 등지고 진을 짰다. 조
나라 군대가 이것을 보고 병법도 모르는 자들이라며 한
껏 비웃었다. 날이 새자 한신의 군대는 북을 치며 행군해
나갔고 조나라 군대도 이에 성문을 열고 맞섰다. 한참 격
렬하게 싸우던 중 한신과 장이가 북과 깃발을 버리고 강
가에 짠 진지로 도망쳤다. 과연 조나라의 군대도 성을 벗
어나 강 쪽으로 뒤쫓아왔다. 이 틈에 한신이 앞서 보냈던
기병들이 한달음에 조나라의 성으로 들어가 조나라의
깃발을 내리고 한나라의 붉은 깃발 이천 개를 세웠다. 강
가에서 맞붙은 두 군대는 막상막하였다. 지친 조나라 군
대는 자신들의 성으로 후퇴하려고 돌아섰다. 그런데 성
위에는 온통 붉은 깃발 천지였다. 놀란 조나라 군대는 자
신들의 왕과 장군들이 이미 사로잡힌 줄 알고 어지럽게
흩어졌다. 조나라 장군들도 달아나는 그들을 막을 수 없
었다. 한나라 군대는 조나라를 크게 무찌르고 왕과 병사
들을 사로잡았으며 진여를 베었다. 이때, 한신이 병사들

에게 명령했다.

"이좌거를 산 채로 잡아 오는 자가 있다면 천금으로 사겠다."

무리 속에서 이좌거를 묶어 끌고 나온 자가 있었다.

한신은 이좌거를 묶은 끈을 풀고 동쪽을 보고 앉게 하고 스승으로 받들었다.

여러 장수들이 승리를 축하하면서 한신에게 물었다.

"병법에 '산과 언덕은 오른쪽에 두고 등지며 물과 못은 앞쪽으로 해 왼쪽에 두라' 적혀 있습니다. 그런데 이번 싸움에서 장군께서 물을 등지라는 명령을 내리면서 조나라를 무찌르자 하실 때 우리는 마음속으론 믿지 않았습니다. 이 전술은 어떤 것입니까?"

"이것도 병법에 있는데 그대들이 모른 것뿐이오. '죽을 곳에 빠뜨린 뒤에야 살릴 수 있고, 망할 곳에 처한 뒤에야 되살릴 수 있다'는 말이 있잖소. 또한 우리 군대가 평소에 잘 훈련된 사대부들도 아니고 시장바닥을 전전하던 부류잖소. 그들에게 살아남을 지형에서 싸우게 한다면 도망부터 칠 것이 뻔하지 않소!"

장수들이 감탄하며 말했다.

"대단하십니다. 저희는 도저히 흉내 낼 수 없습니다."

3-3.
토사구팽 ③ :
토끼 사냥이 끝나면 사냥개를 삶는다

한漢나라 4년, 한신은 드디어 제나라를 모두 평정했다. 그후 유방에게 사자를 보내어 말했다.

"제나라는 변절을 일삼는 데다 남쪽으로 초나라와 국경을 맞대고 있습니다. 저를 임시로 가왕으로 세워 정세를 안정시키도록 해주신다면 모든 일이 순조롭게 풀릴 것입니다."

당시 유방은 초나라가 갑자기 습격해 와 곤경에 처한 상황이었다. 그런 형편에 한신의 사자를 맞았으니 매우 화가 났다.

"내가 이런 곤경에 처했는데 하루 빨리 와서 도와주기는 커녕 스스로 왕이 될 생각이나 한단 말이냐!"

유방의 측근 신하들이 일부러 유방의 발을 밟고는 사죄

하는 척하며 귀에 대고 속삭였다.

"한나라는 지금 불리한 상황입니다. 이럴 때 한신을 잘 대우하여 제나라 왕으로 삼는 편이 낫습니다."

유방도 곧 이를 깨닫고 사자를 꾸짖으며 말했다.

"대장부가 제후를 정벌했으면 진짜 왕이 되어야지 가짜 왕 노릇이 웬 말이냐!"

이에 측근을 보내 한신을 제나라 왕으로 삼고 그의 병사를 징발하여 초나라를 쳤다.

싸움에 패배해 겁이 난 항우는 신하를 보내 한신을 설득하고자 했다.

"천하 사람들이 진秦나라에 괴로움을 당하자 서로 힘을 모아 진나라를 공격했습니다. 이제 진나라가 무너지자 각각 공적을 헤아려 땅을 나누어 가졌습니다. 그런데 유방은 다시 군대를 일으켰으니 천하를 삼키지 않고서는 그치지 않을 것입니다. 지금 당신은 유방과 두텁게 사귀어 그를 위해 군대를 지휘하고 있지만 결국 그에게 잡힐 것입니다. 당신은 항우와 연고가 있는데 유방과 손을 잡고 있으니 이것이 어찌 지혜로운 것입니까?

한신은 거절하며 말했다. "내가 일찍이 항우를 섬긴 적이 있지만 그는 생각을 말해도 들어 주지 않았고 계획을 세워도 써 주지 않았습니다. 그래서 항우를 떠나 유방에게 간 것입니다. 유방은 자기 옷을 벗어 나에게 주고 먹을 것을 주며 계책을 올리면 써 주었습니다. 그리하여 내가 오늘에 이르렀습니다. 무릇 남이 나를 깊이 믿고 있는데 그를 배반하는 것은 불경스러운 일입니다. 설령 죽는다 하더라도 마음을 바꾸지 않겠습니다."

한나라 5년 한신은 제나라를 떠나 초나라의 왕이 되었다. 한나라 6년 어떤 사람이 글을 내려 초나라 왕 한신이 모반했다고 고발했다. 유방은 한신을 공격할 계략을 꾸몄다. 한신은 자신은 죄가 없다고 여겨 유방을 만나고자 했으나 사로잡힐까 두려웠다. 결국 유방이 원수로 여기는 종리매의 목을 가지고 유방을 찾아갔다. 그러자 유방은 무사를 시켜 한신을 묶게 하고 뒷수레에 실었다. 한신이 말했다. "사람들 말에 '날쌘 토끼가 죽으면 뛰어난 사냥개를 삶아 죽인다' 하더니, 천하가 평정되었으니 내가 삶겨 죽는구나!" 한신의 손발에 차꼬와 수갑이 채워졌다. 그후 낙양에 이르러서야 유방은 한신의 죄를 용서하고 회음후로 삼았다. 한나라 10년 한신은 사람들을 모아 모반하고자 하다 실패했다. 여후呂后 : 유방의 아내는 한신의 삼족을 멸했다._회음후열전

3-4.
백성을 울린 영웅 ① :
병사들을 아끼다

이장군李將軍 광廣은 농서군隴西郡 성기현成紀縣 사람이다. 한나라 효문제 때 북방 흉노족이 크게 쳐들어왔다. 이장 군은 지체 있는 집안의 자제로 종군하여 흉노족을 무찔 렀다. 일찍이 이장군이 효문제의 행차를 따르다 맹수를 주먹으로 쳐 죽인 적이 있었다. 문제는 다음과 같이 말 했다.

"안타깝다! 그대는 때를 만나지 못했구나! 만약 그대가 한 고조 때 살았으면 만 호의 제후도 너끈히 될 수 있었 을 것이다."

한 무제 때 이광은 상군 군수로 임명되었다. 정불식은 예 전에 이광과 함께 변방에서 태수로 주둔군을 인솔하던 장수였다. 이광은 오랑캐를 치러 나갈 때 행군하는데 부대를 편성하거나 진형을 짜지도 않고 수초가 무성한 곳에 주둔했다. 머물러 있으면서 병사들은 자유롭게 쉬게 했다. 밤이면 구리로 만든 조두를 쳐서 병사들을 경계시키지도 않았다. 장군의 진영에서 문서와 장부 같은 것을 생략했다. 척후병을 먼 데까지 보내어 적의 습격으로 피해를 당한 적이 없었다. 반면 정불식은 진영을 규범에 맞게 짜고 조두를 쳐서 군사들을 경계시켰다. 병사들은 밤을 새워 가며 군의 문서를 처리하느라 쉴 틈이 없었다. 그도 적의 습격을 받은 적이 없었다. 정불식이 말했다.

"이광의 부대는 무장이 간단하여 적이 갑자기 습격해 오면 막기 어려울 것이다. 그러나 병사들은 편안하고 즐겁게 지내니 모두 그를 위해 기꺼이 죽을 각오를 하고 있다. 나의 병사들은 일이 번잡하지만 오랑캐들은 우리를 넘볼 수 없다."

이장군은 행군 중에 물이나 양식이 부족할 경우, 병졸들이 다 마시고 먹은 다음이 아니면 먹은 적이 없었다. 이렇듯 너그럽고 가혹하지 않으니 병졸들은 그를 우러렀으며 그를 위해 일하는 것을 기뻐했다.

그는 적이 가까이 오는 것을 보아도 수십 보 이내가 아니라 명중이 어렵다 판단하면 결코 활을 쏘지 않았다. 일단 쏘았다 하면 활시위가 팅기는 소리와 함께 적이 쓰러졌다. 그러다 보니 이장군은 전쟁 중에 종종 위험에 처했고, 맹수와 대적할 때는 부상을 입기도 했다.

3-5.
백성을 울린 영웅 ② :
항복한 병사들을 죽인 죄

이광은 낭중령이 되어 기병 사천 명을 거느리고 흉노를
정벌하러 갔다. 수백 리쯤 행군했을 때 이광의 부대는 흉
노족이 거느린 기병 사만 명에게 포위되었다. 병사들이
모두 겁에 질리자 이광은 자신의 아들 이감에게 적군을
돌파하라 명령했다. 이감은 겨우 기병 수십 명만을 이끌
고 홀로 오랑캐의 한가운데를 돌파하여 적을 좌우로 갈
라 놓고 이광에게 말했다.

"오랑캐 따위는 쉬운 상대입니다."

군사들이 그것을 보고 안심했다. 이광은 진을 동그랗게
치고 밖을 향하게 했다. 흉노 군대가 빠르게 달려와 화살
을 소나기처럼 쏘면서 공격했다. 한나라의 군대는 죽은
자가 절반이 넘었고 화살도 거의 떨어졌다. 그래서 이광

은 병사들에게 활에 살을 메겨 당기되 쏘지 말라고 명령했다. 그리고 자신이 직접 대황이라는 활로 적의 비장을 쏘아 몇 사람을 죽이자 흉노 군대의 포위망이 점점 풀렸다. 그러는 사이 날이 점점 저물자 병사들이 겁에 질려갔다. 이광은 흔들림없이 평소대로 병사들을 정돈하고 격려했다. 병사들은 이광의 용기에 탄복했다. 다음 날 구원 부대가 와서 흉노 병사들이 포위를 풀고 물러갔다. 이 싸움에서 이광의 군사는 거의 전멸 상황까지 가서야 싸움을 끝낼 수 있었다.

이광의 사촌 동생 이채는 사람됨이 어질지 못하고 명성은 이광에 훨씬 못 미쳤다. 이광은 작위나 봉읍도 얻지 못하고 벼슬도 구경에밖에 이르지 못했는데 이채는 열후가 되고 삼공의 작위를 받았다. 이광의 부하 중에서도 후에 봉해진 자가 있었다. 어느 때 이광이 구름의 기운을 보고 길흉화복을 점치는 왕삭과 이야기를 한 적이 있었다.

"한나라가 흉노 정벌을 시작한 이래로 지금까지 빠진 적이 없소. 나는 뒤떨어진 사람이 아닌데도 봉읍을 얻을 조그만 공도 없으니 무슨 까닭이오? 내 관상이 후가 될 상이 아닌가? 아니면 원래 내 운명이 그러한가?"

"장군께서 스스로 후회되는 일이 없습니까?"

"일찍이 농서군의 태수로 있을 때 모반을 일으킨 강족을 달래 항복을 시켰소. 항복한 자가 팔백 명이었는데 그들을 속여 같은 날에 다 죽였소. 지금까지 가장 후회되는 일은 그것 하나뿐이오."

"항복한 자를 죽이는 것보다 더 큰 화는 없습니다. 이것이 바로 장군이 후가 되지 못하는 까닭입니다."

3-6.
백성을 울린 영웅 ③ :
심문 당하지 않겠다

그후 한나라가 대대적으로 흉노 정벌에 나서는데 이광
도 가고 싶다고 여러 번 청했다. 천자는 그가 늙었다면서
허락하지 않다가 한참 만에 허락했다. 대장군이 이광의
부대는 동쪽 길로 행군하라 명령했다. 그 길은 멀리 돌아
가야 하는 데다 앞으로 나아가기도 힘들었다. 이광이 행
군할 수 있는 형세가 아니라고 청원했다. 대장군은 천자
로부터 들은 당부가 있었다.

"이광은 늙고 운수가 나쁜 사람이다. 선우와 대적해도
승리하기 어려울 것이다."

대장군은 명령을 이행하라 재촉했다. 그는 분노를 삭이
며 동쪽으로 행군했다. 그러나 군대에 길을 안내하는 자
가 없다 보니 때때로 길을 잘못 들어 대장군이 정한 시간

보다 늦게 도착했다. 결국 대장군은 흉노 대장과 싸웠으나 대장이 달아나서 잡지 못했다. 그러고는 이광의 군대가 늦은 까닭을 심문하겠다고 했다. 이광이 말했다.

"부하들에게는 죄가 없소. 내가 길을 잘못 든 것이오. 내가 직접 가서 심문을 받겠소."

자신의 진영으로 돌아온 이장군은 부하들에게 이렇게 말했다.

"나는 젊어서부터 흉노와 맞붙어서 칠십여 차례나 싸웠다. 이번에 마침 대장을 따라 출전할 기회를 잡아 흉노의 군대와 대적하길 원했다. 하지만 대장군이 또다시 나의 부대를 옮겨 멀리 돌아 행군하라 명령하여 길을 잃고 헤맸다. 이것이 바로 천명이 아니겠는가? 내 나이 예순, 이제 다시 하찮은 아전에게 심문을 당하고 싶지 않노라."

그러고는 마침내 칼을 빼어 스스로 목을 찔러 죽었다. 이장군의 모든 부하들이 통곡했다. 이 소식을 들은 백성들마저 이장군을 알건 모르건 간에 그를 위해 눈물을 흘렸다. _이장군열전

3-7.
민심을 읽어라 ① :
유방에게 호통치다

역생酈生은 한나라 고양高陽 사람이다. 그는 글 읽기를 좋아했으나 집이 가난하여 뜻을 이루지 못하고 마을 성문을 관리하는 벼슬아치가 되었다. 사람들은 그를 부리려하지 않았으며 미치광이라 불렀다. 진승과 항량이 반기를 들어 각 지역을 공략하면서 고양을 지나간 장수가 수십 명에 이르렀다. 역생은 그들이 모두 도량이 부족하고 자질구레한 예절을 좋아하고 자신만 옳다 여겨 원대한 뜻을 아우르지 못한다는 말을 듣고 자신의 재능을 깊이 숨겼다. 그 뒤 역생은 유방이 고양 근처를 공략한다는 말을 듣고 같은 고향 사람인 유방의 부하를 찾아가 이렇게 말했다.

"유방에게 가거든 '우리 마을에 역생이라는 사람이 있는

데 나이는 예순쯤이며 키는 여덟 자입니다. 사람들은 그를 미치광이라 하는데 그 자신은 아니라고 합니다'라고 전해 주시오."

유방의 부하가 말했다.

"유방은 선비를 좋아하지 않습니다. 그는 관을 쓴 선비가 찾아오면 꼭 그 관을 빼앗아 오줌을 누곤 합니다. 선비 신분으로 그에게 유세하는 것은 불가능합니다."

"어쨌든 전해만 주시오."

유방이 고양의 객사에서 역생을 불렀다. 역생이 객사에 이르렀을 때, 유방은 마침 침상에 걸터앉아 두 여자에게 발을 씻기고 있었다. 역생을 보고도 그대로 있었다. 역생은 길게 양손으로 읍할 뿐 절을 하지 않고 말했다.

"당신은 진나라를 도와 제후를 치려고 합니까? 제후들을 이끌고 진나라를 치려고 합니까?"

유방이 꾸짖어 말했다.

"천하 사람들이 모두 오랫동안 진나라에게 고통을 겪었거늘 제후들이 서로 힘을 합쳐 일어나 진나라를 치려는데 어찌 진나라를 돕는단 말이냐?"

"진실로 그러하다면 걸터앉아 나이 든 사람을 만나서는

안 됩니다."

그러자 유방은 발을 씻던 것을 그만두고 의관을 바로 하고 역생을 윗자리에 앉게 한 후 사과했다.

3-8.
민심을 읽어라 ② :
작은 일에 매이지 않는다

한신이 동쪽으로 제나라를 치려 한다는 것을 들은 유방은 남쪽의 초나라를 공격할 계획을 세웠다. 역생이 말했다.

"지금 연나라와 조나라는 평정되었지만 제나라는 항복하지 않고 있습니다. 신이 조서를 가지고 제나라 왕에게 가서 제나라가 한나라의 속국이 되게 하겠습니다."

유방은 역생을 보냈다.

역생이 제나라 왕에게 말했다.

"왕께서 천하의 민심이 어디로 돌아갈지 아신다면 제나라를 보전할 수 있으나, 모른다면 제나라를 보전할 수 없을 것입니다."

"천하의 민심이 어디로 갈 것 같소."

"한나라입니다."

"그 말의 근거가 있소?"

"유방과 항우는 힘을 합쳐 서쪽의 진나라를 공격하되 함양에 먼저 도착하는 사람이 왕이 되기로 했습니다. 유방이 먼저 함양으로 들어갔는데 항우는 약속을 어기고 함양을 주지 않았지요. 그러고는 한중 지역의 왕으로 삼았습니다. 또 항우는 의제義帝를 쫓아내어 죽였습니다. 이 소식을 들은 유방은 곧바로 촉나라와 한나라의 군대를 일으켜 삼진을 치고 함곡관을 나와 의제를 죽인 죄를 따졌습니다. 그리고 천하의 병사들을 거두고, 각 제후들의 후손을 세웠습니다. 유방은 성을 차지하면 그 장수를 후로 봉하고 재물이 생기면 병사들에게 나눠주며 천하의 사람들과 함께 이익을 누렸습니다. 그러므로 영웅, 호걸, 현인, 재사들이 너나 할 것 없이 유방에게 모여듭니다. 제후들의 군사가 사방에서 모이고 있으며, 촉나라와 한나라에서 배가 곡식을 싣고 장강을 따라 내려오고 있습니다.

반면 항우는 약속을 어겼다는 악명은 물론 의리를 저버리고 의제를 죽인 죄까지 지었습니다. 또 다른 사람의 공은 잊어버리면서 죄는 잊은 적이 없습니다. 싸움에서 승리해도 상을 내리지 않고, 성을 빼앗아도 땅을 하사하지 않습니다. 항씨의 집안이 아니면 권력을 잡을 수도 없습니다. 재물을 얻어도 쌓아 두기만 하고 상으로 주는 일이 없습니다. 그래서 천하의 선비들은 유방에게 모여드니 그는 쉬이 그들을 부릴 수 있을 것입니다. 왕께서 서둘러 유방에게 항복한다면 제나라를 지킬 수 있을 것이나 그렇게 하지 않는다면 선 채 멸망을 기다릴 수밖에 없겠지요."

제나라 왕은 역생의 말이 맞다 여기고 전투태세를 해제하고 그와 한껏 술을 마셨다.

한신은 역생이 수레에 앉아 몇 마디 말로 제나라 성 칠십여 개를 항복시켰다는 소식을 들었다. 이에 제나라 치는 것을 멈추려 했다. 괴통이 한신에게 말했다.

"장군은 조서를 받고 제나라를 치려는데, 유방이 단독으로 역생을 보내 제나라를 항복시켰습니다. 그러나 장군에게 공격을 멈추라는 조서도 없습니다. 한낱 변사인 역생이 세 치 혀를 놀려 제나라 칠십여 성을 항복시켰습니다. 그러나 장군은 대군 수만 명을 이끌고 한 해가 넘도록 조나라의 성 오십여 개밖에 항복시키지 못했습니다. 장군께서는 별 볼 일 없는 유생의 공만도 못하단 말입니까?"

한신은 곧바로 밤길을 재촉하여 황하를 건너 제나라를 급습했다. 제나라 왕은 그 소식을 듣고 역생이 자신을 속였다고 생각해 다음과 같이 말했다.

"네가 만약 한나라 군대를 멈출 수 있다면 살려주겠지만 그러지 못하면 삶아 죽이겠다."

"큰 일을 하는 사람은 자잘한 일에 매이지 않고, 덕이 높은 사람은 다른 사람의 비난에 휘둘리지 않습니다. 당신을 위해 일을 바꿀 수는 없습니다."

제나라 왕은 결국 역생을 삶아 죽이고 군대를 이끌고 동쪽으로 달아났다._역생·육고열전

낭송Q시리즈
낭송 사기열전

4부
재주로 한 시대를 주름잡다

4-1.
여섯 제후국의 재상이 되다 ① :
밭이 두 이랑만 있었어도

소진蘇秦은 동주東周의 낙양雒陽 사람이다. 고향을 떠나 수
년간 유세했으나 고생만 한 채 초라하게 귀향했다. 그런
그를 보고 친인척들이 비웃으며 말했다.

"주나라 풍속에 사람은 주로 농업에 종사하고 물건을 만
들거나 장사를 하면 십 분의 이의 이문을 봅니다. 그런데
당신은 그것을 버리고 입이나 혀끝 놀리는 것만 하고 있
으니 가난은 당연한 것 아닙니까?"

소진은 이 말을 듣고 부끄러워 얼굴을 들 수 없었다. 이에
방문을 걸어 잠그고 그동안 배웠던 책을 훑으며 말했다.

"선비가 머리를 숙여 글을 배우면 무엇하는가? 벼슬과
부귀를 얻을 수 없다면 아무 쓸모도 없도다."

그리고는 『주서』周書「음부」陰符를 찾아내어 눈을 떼지 않

고 읽었다. 일 년여가 지난 후 상대의 심리를 꿰뚫어 헤아린 후 설득할 방법을 터득했다.

"이 방법만 있으면 어떤 군주라도 모두 설득할 수 있을 것이다."

그후 소진은 진나라, 조나라, 연나라, 한나라, 위나라, 제나라, 초나라까지 천하를 돌아다니며 유세하여 진나라를 제외한 여섯 나라를 합종하여 힘을 합치게 했다. 그는 합종의 우두머리가 되어 여섯 나라의 재상을 겸하였다.

소진은 북쪽으로 조나라로 가는 길에 고향 낙양을 지나게 되었다. 제후들마다 소진에게 재물과 수행하는 사신을 보내 주어 국왕의 행차 못지않았다. 이것을 본 소진의 친인척들은 그와 눈도 마주치지 못했다. 형수는 몸을 굽히고 기어와 얼굴을 깊이 수그리고 사과했다.

소진은 탄식하며 말했다.

"이 한 몸이 부귀해지니 친척들이 두려워하고 가난하면 비웃었는데 하물며 다른 사람들은 오죽할까? 만약 나에게 낙양성 근처에 밭이 두 이랑쯤 있었다면 어찌 여섯 나라 재상 자리를 차지할 수 있었겠는가?"

소진은 천금을 풀어 친척과 친구들에게 베풀었다. 또 전날 은혜를 입은 모든 이들에게 고루 보답하였다. 유독 보답 받지 못한 사람이 있어 스스로 소진에게 나아가 그 사실을 말했다. 소진이 말했다.

"나는 너를 잊은 것이 아니다. 내가 너와 연나라로 가던 그때 역수가에서 너는 여러 번 나를 두고 떠나려 했다. 그때 나는 여러모로 힘든 처지라 너를 많이 원망했다. 그런고로 너에게 보답하는 것을 제일 나중으로 미룬 것이다. 이제 너에게도 보답하겠다."

4-2.
여섯 제후국의 재상이 되다 ② :
저의 불성실이 왕의 복입니다

그 뒤 진나라가 제나라와 위나라를 속여 조나라를 공격하여 합종을 깨려고 했다. 조나라 왕이 소진을 나무랐다. 소진이 다시 다른 나라의 사신으로 가서 보복하겠다고 약속했다. 이렇게 소진이 조나라를 떠나니 합종은 깨지고 말았다.

소진을 비난하는 사람이 이렇게 말했다.

"소진은 이 나라 저 나라 옮겨 다니며 떠나온 나라를 팔아먹으면서 이랬다저랬다 합니다. 반란을 일으킬 인물입니다."

소진은 누명을 받을까 염려하여 있던 곳을 떠나 연나라로 들어갔다. 연나라 왕은 그에게 예전 벼슬자리를 내주지 않았다.

소진이 말했다.

"신은 비천한 사람입니다. 공이 없는 저를 선왕께서 등용하여 주셨습니다. 지금 신은 왕을 위하여 제나라 군대를 물리쳐 연나라의 성 열 개를 되돌려 받았습니다. 그러니 저를 더욱 친근하게 여겨 주셔야 합니다. 그런데 지금 저에게 벼슬을 주지 않으시니, 분명 누군가가 저를 성실하지 못하다고 모함했기 때문일 것입니다. 그러나 제가 성실하지 못한 것은 왕의 복입니다. 신이 알기로 충성스럽고 성실한 사람은 자기를 위해 행하고, 진취적으로 나아가는 사람은 다른 사람을 위해 행한다고 합니다. 신이 노모를 동주에 버려 두고 이 나라에 온 것은 자기를 위해 행하기를 버리고 다른 사람을 이루어 주기 위해 나아간 것입니다. 만일 지금 증삼 같은 효자, 백이처럼 청렴한 인물, 미생처럼 신의 있는 사람들이 있다 합시다. 그들을 불러 왕을 섬기게 하면 어떨까요?"

"좋소"

"증삼같이 효를 다하는 자는 단 하룻밤도 부모 곁을 떠나지 않을 것입니다. 그런 사람을 어떻게 천리 밖을 나서서 위기에 빠진 약한 연나라의 국왕을 섬기도록 할 수 있겠습니까? 백이처럼 청렴한 이는 의를 지켜 수양산에 굶어 죽었습니다. 이런 사람을 또 어찌 천리 밖 제나라로 보내 연나라 왕을 위한 일을 해내게 할 수 있겠습니까? 미생은 다리 밑에서 여인과 만날 약속을 했는데 시간이 되어도 여인은 오지 않고 다리 밑 물이 점점 불어나자 기둥을 붙잡고 있다 죽었습니다. 이렇게 신의를 지키는 자를 또 어찌 천리 밖으로 보내 제나라의 강한 군대를 물리치게 할 수 있겠습니까? 또 신은 충성하고 신의가 있어 왕께 죄를 지었습니다."

"그렇지 않소. 충성하고 신의가 있는데 어찌 죄를 지을 수 있소?"

"어떤 사람이 관리가 되어 집을 떠나 있었는데 아내가 다른 사람과 사사로운 정을 통하게 되었습니다. 남편이 돌아올 날이 되어 정부가 걱정을 했습니다. 아내는 '독약 탄 술을 만들어 놓았으니 걱정 마십시오.' 사흘이 지나 남편이 돌아오자 아내는 첩에게 독이 든 술을 가져다주게 했습니다. 첩은 술에 독이 들었다는 것을 말하면 본처가 쫓겨날까 두렵고, 안 하자니 주인을 죽이게 될까 겁이 났습니다. 그래서 첩은 넘어지는 척하면서 술을 쏟아 버렸습니다. 주인이 불같이 화를 내며 첩에게 채찍질을 쉰 번이나 했습니다. 첩의 꾀로 위로는 주인을 살리고 아래로는 본처를 구했지만 자신이 채찍질을 받는 것은 피할 수 없었습니다. 어찌 충성스럽고 신의가 있다 하여 죄가 없다 하겠습니까? 정녕 신의 허물은 불행히도 이것과 비슷합니다."

연나라 왕이 말했다.

"그대는 다시 나아가 예전의 벼슬을 취하시오." _소진열전

4-3.
그 세 치 혀, 무기가 되다

장의張儀는 위魏나라 사람이다. 유세길에 나섰던 장의가 초나라 재상과 술을 마신 적이 있었다. 그때 재상이 둥근 옥구슬을 잃어버렸다. 재상의 문객들은 장의를 의심했다.

"장의는 가난하고 손버릇이 나쁩니다. 틀림없이 장의의 짓일 것입니다."

그러고는 장의를 붙잡아 수백 대가 넘는 매질을 했다. 그래도 그가 자백하지 않자 놓아주었다.

장의의 아내가 말했다.

"아! 당신이 글을 배워 유세에 나서지 않았던들 어찌 이런 치욕을 겪었겠습니까?"

그러자 장의는 이렇게 물었다.

"내 혓바닥이 온전히 붙어 있소?"

"혀는 그대로네요."

"그럼 됐소."

장의는 옛 친구 소진에게 도움을 받을 것을 기대하고 찾아갔다가 도리어 모욕을 당했다. 장의는 진나라의 위세라면 조나라를 공격할 수 있다는 판단으로 진나라로 향했다. 그 뒤 진나라 재상이 되었다.

진나라가 제나라를 공격하려 하자 제나라와 초나라가 합종을 맺었다. 장의는 상황을 파악하기 위해 초나라로 갔다. 초 회왕은 직접 장의를 묵을 곳으로 안내하면서 이렇게 물었다.

"외지고 누추한 나라에 무엇을 가르쳐 주시렵니까?"

장의는 초나라 왕을 설득했다.

"왕께서 진정 신의 말이 맞다 여겨 관문을 닫고 제나라와 맺은 합종을 깬다면 상과 오 일대의 땅 육백 리를 초나라에 바치겠습니다. 또 진나라 공주를 왕의 첩으로 삼을 수 있게 하고 두 나라가 서로 며느리를 맞고 딸을 시집보내어 영원히 사돈 나라가 되게 하겠습니다."

초나라 왕은 매우 기뻐하며 이를 받아들였다. 신하들도 모두 축하를 했다. 다만 진진만이 이것을 불행한 일로 여졌다.

"과인은 전쟁도 하지 않고 땅 육백 리를 얻었는데 그대는 무엇이 걱정인가?"

"신이 보기에 상과 오 일대의 땅을 얻기는커녕 진나라와 제나라가 힘을 합쳐 우리나라에 재앙이 올 것입니다."

초나라 왕은 이 말을 무시했다. 그리고 장의에게 재상 자리와 많은 재물을 주었다. 또한 관문을 잠그고 제나라와의 맹약을 깬 후 장군 한 명을 장의와 함께 보냈다.

장의는 진나라에 도착하자 일부러 수레에서 떨어져 다친 후, 이를 핑계 삼아 석 달이나 조정에 나가지 않았다. 초나라 왕은 그 소식을 듣고 장의가 제나라와 완전히 깨어진 것을 모른다 여겼다. 초나라 왕은 군사를 보내 제나라 왕을 꾸짖었다. 제나라 왕은 화가 나서 진나라와 화친을 맺었다. 그러자 장의는 조정에 나가 초나라 사신에게 말했다.

"신은 나의 땅 육 리를 왕께 바치고 싶습니다."

초나라 사신이 말했다.

"신은 상과 오 일대의 땅 육백 리를 받아오라는 명령을 받았습니다. 육 리라니요?"

이 말을 들은 초나라 왕은 몹시 화를 내어 진나라를 공격하고자 했다. 진진이 말했다.

"진나라에 뇌물을 주고 힘을 합쳐 제나라를 친다면 진나라에 땅을 주고 제나라에서 보상을 받는 셈이 됩니다."

초나라 왕은 이 말을 듣지 않고 굴개에게 군대를 몰아 진나라를 치게 했다. 진나라는 제나라와 힘을 합쳐 초나라를 공격하여 팔만 명을 죽이고 굴개의 목을 베었다. 또한 단양과 한중 지역까지 빼앗아갔다. 초나라는 다시 더 많은 군사를 내보냈으나 역시 크게 지고 말았다._장의열전

4-4.
나도 배운 술책

일찍이 소진과 장의는 귀곡선생을 스승으로 모시고 유
세술을 배웠다. 이에 소진은 자신이 장의에 못 미친다 여
겼다. 소진이 조나라 왕을 설득하여 합종을 이루고 재상
이 되었다. 그러나 진나라가 다른 제후들을 공격하여 합
종을 깨고 서로 배반을 일삼을까 두려웠다. 소진은 진나
라에 힘을 쓸 만한 사람이 필요했다. 그래서 비밀리에 장
의에게 사람을 보내 넌지시 권했다.

"선생과 소진은 이미 서로 좋은 사이가 아닙니까. 소진이
정치 일선에 나선 지금이야말로 선생의 뜻을 펼칠 기회
입니다. 그런데 왜 그를 찾아가 부탁하지 않으십니까?"

장의는 조나라로 가서 소진에게 만나기를 청했다. 소진
은 문지기에게 그를 들여보내지 말되, 떠나게 하지도 말

라고 했다. 그러기를 며칠, 장의는 겨우 소진을 만날 수 있었다.

소진은 장의를 마루 밑에 앉히고 하인들이나 먹는 보잘 것없는 음식을 내주었다. 그러고는 그의 잘못을 일일이 들추면서 꾸짖었다.

"자네처럼 유능한 사람이 어쩌다가 이렇게 부끄러운 처지가 되었는가? 내 비록 왕에게 자네를 추천할 수 있다 할지라도 그럴 수 없네. 자네는 내세울 만한 재목이 아닐세."

장의는 소진을 찾아올 때는 옛 친구의 도움을 기대했건 만 도리어 모욕을 당하자 화가 치밀었다. 따져보니 진나라만이 조나라를 곤경에 빠뜨릴 수 있다 판단하고 마침내 진나라로 향했다.

한편 소진은 장의가 물러간 후 자신의 가신을 불러 이렇게 말했다.

"장의는 천하에 유능한 인물이라 내가 뛰어넘기가 어렵네. 지금은 내가 운이 좋아 먼저 벼슬길에 올랐을 뿐이지. 장차 진나라에서 능력을 발휘할 자는 장의 뿐일 걸세. 그러나 그는 빈털터리라 기회를 얻기 어렵네. 나는 장의가 작은 이익에 눈이 멀어 큰 뜻을 잃을까 염려하여

일부러 그를 불러다 모욕을 주어 그를 자극하였지. 자네
는 나 대신 은밀히 그를 보필해 주게."

소진의 가신은 장의를 몰래 뒤따라갔다. 그후 그와 친해
지자 함께 먹고 자면서 물심양면으로 지원을 아끼지 않
았다. 장의는 마침내 진나라 혜왕을 만나 객경이 되었
다. 소진의 가신은 장의에게 작별 인사를 했다. 장의가
말했다.

"당신의 도움으로 이제야 세상의 빛을 보게 되었소. 은
혜 갚을 기회를 주시오."

"저는 선생을 모릅니다. 선생을 알아주는 이는 바로 소
군이십니다. 지금까지 이르게 된 모든 것은 소군의 계책
입니다. 이제 선생께서 등용되었으니 저는 명령에 따라
돌아가겠습니다."

장의가 말했다.

"아! 이는 나도 배운 술책인데 미처 깨닫지 못했구나. 내
가 소진만 못한 것이 분명하다. 이렇게 된 마당에 어찌
조나라를 칠 계책을 꾸미겠는가? 소군에게 전해 주시오.
소군이 살아 있는 한 내가 무슨 말을 할 것이며, 감히 무
엇을 할 수 있겠는가라고 말이오."_장의열전

4-5.
의심이 쌓은 원한

범수范雎는 위魏나라 사람이다. 일찍이 각국을 돌아다니며 유세한 끝에 위나라 왕을 섬기고자 했다. 그러나 가난한 처지라 먼저 위나라 중대부 수고須賈를 섬기게 되었다. 수고가 위 소왕의 사신으로 제나라에 가게 되었는데 범수도 동행했다. 몇 개월을 머물렀으나 수고는 제나라로부터 확실한 답을 얻지 못한 상태였다. 그러는 사이 제 양왕은 범수가 말재주가 있다는 말을 듣고 다른 사람을 통해 금 열 근과 함께 술과 고기를 내렸다. 범수는 그것을 거절하고 함부로 받지 않았다. 수고는 범수가 위나라의 비밀을 알려준 대가로 받은 선물이라 여겨 마음속으로 노여움을 품었다. 위나라로 돌아온 후 수고는 재상 위제에게 이 사실을 말했다.

위제는 사람을 시켜 범수를 매질했다. 그는 갈비뼈가 부러지고 이가 빠졌다. 범수가 죽은 척하자 대자리에 말아서 변소에 버려 두었다. 변소에 드나드는 모든 사람들이 그의 몸에 오줌을 누었다. 비밀을 누설하는 자가 없도록 경계시키기 위해 일부러 모욕을 준 것이다. 범수는 대자리에 싸인 채 지키고 있는 자에게 간청했다.

"나를 여기서 나가게만 해준다면 반드시 후하게 사례하겠소."

범수를 지키던 자가 위제에게 시체를 버려도 되는지 물었다. 술에 취한 위제가 허락했고 이렇게 해서 범수는 그곳을 벗어났다.

범수가 진나라 재상이 되었지만 진나라에서는 그를 장록이라 불렀기에 위나라는 범수가 죽은 줄 알고 있었다. 위나라는 진나라가 쳐들어올 것이라는 말을 듣고 수고를 진나라에 사신으로 보냈다. 범수는 이 소식을 듣고 자신의 신분을 숨기고 허름하게 차린 다음, 수고의 숙소로 찾아갔다. 수고는 범수를 보고 놀라 말했다.

"그대는 지금까지 변고가 없었소?"

"그렇습니다."

"그대는 지금 진나라에서 유세를 하고 있소?"

"아닙니다. 위나라 재상에게 죄를 짓고 도망친 제가 어찌 감히 유세를 하겠습니까?"

"지금은 무슨 일을 하고 있소?"

"남의 집에서 날품팔이를 하고 있습니다."

수고는 그런 범수를 불쌍히 여겨 같이 앉아 함께 음식을 나눠 먹었다. 그러고는 자기의 두꺼운 명주 솜옷을 한 벌 내주고는 이렇게 물었다.

"나는 진나라의 재상 장록이 왕의 총애를 받아 천하의 일이 재상의 손에 달렸다는 말을 들었소. 혹시 재상과 친한 사람을 아시오?"

"제 주인이 잘 알지요. 저도 한 번 뵌 적이 있습니다. 제가 만날 수 있도록 주선하겠습니다."

범수는 수레를 구해 수고를 태워 직접 수레를 몰고 재상의 집으로 들어갔다. 수레를 모는 범수를 보자 그를 아는 자는 모두 피했다. 수고는 그것이 이상했다. 집 안쪽에서 범수가 수레를 세우고 말했다.

"제가 먼저 들어가 재상께 알리겠습니다."

한참 되었는데도 범수가 나오지 않자 수고가 문지기에게 물었다.

"아까 나와 수레를 타고 와서 집 안으로 들어간 범수가 왜 아직 안 나오는 것이오?"

"그 분은 재상이신 장 선생입니다."

범수가 물었다.

"네 죄가 몇 가지인지 아는가?"

"머리카락을 모두 뽑아 세어도 모자랄 지경입니다."

"네 죄목은 세 가지이다. 내 조상의 묘가 위나라에 있기에 나는 위나라를 배반할 마음이 없었다. 그런데 너는 제나라에게 비밀을 넘겼다고 위제에게 나를 모함한 것이 첫번째 죄다. 위제가 나를 모욕하려고 변소에 내버려 두었을 때 말리지 않은 것이 두번째 죄요, 위제의 빈객들이 술에 취해 번갈아가며 오줌을 누는데도 모른 척한 것이 세번째 죄다. 그러나 오늘 나는 너를 용서하겠다. 초라한 몰골로 꾸며 너의 숙소로 찾아간 나에게 옛정을 생각해 두터운 명주 솜옷을 주었기 때문이다."

그러고는 수고를 숙소로 돌려보냈다.

그후 수고가 범수에게 작별인사를 하러 가자, 범수는 크게 잔치를 열었다. 각국 제후의 사신들을 후하게 대접하였는데 수고만은 대청 아래에 앉혔다. 그리고 그 앞에 말

죽을 놓고 양쪽에 사람을 두어 그의 어깨를 껴 머리를 숙여 말처럼 먹게 했다. 그리고 이렇게 말했다.

"위나라 왕에게 당장 위제의 목을 가져오지 않는다면 곧바로 위나라 수도 대량으로 쳐들어 갈 것이라 전해라."-

범수·채택열전

4-6.
하찮은 재주

맹상군孟嘗君은 이름은 문文이며 제나라 사람이다. 맹상군은 설 땅에서 각 지역의 빈객들을 불러 모아 거두는 식객이 삼천 명이 넘었다고 한다. 이 중에는 천하의 선비가 있는가 하면 죄를 짓고 도망친 이들도 있었다. 맹상군은 빈객과 이야기를 나눌 때는 꼭 병풍 뒤에 사람을 두고 빈객의 가족들의 처소를 물어 적게 한 다음 빈객의 일가들까지 보살폈다.

진나라 소왕이 맹상군의 인물 됨됨이에 대해 듣고 그를 만나고자 했다. 처음에는 빈객 소대가 진 소왕을 믿을 수 없다고 한 충고를 받아들이지만, 두번째에는 재상 자리를 얻기 위해 결국 진나라로 갔다. 소왕이 맹상군을 재상으로 삼겠다고 하자 신하들이 그는 제나라 왕족이므로 제나라에 이로울 뿐이라며 죽이라 했다.

소왕과 신하들의 의도를 눈치 챈 맹상군은 소왕의 애첩을 매수하기로 했다. 그런데 애첩이 원하는 것은 이미 소왕에게 바친 천금이 나가는 흰여우털 가죽옷이었다. 이 소식을 들은 빈객 일행 중 개 소리 흉내를 잘 내는 자가 그것을 훔쳐오겠다고 나섰다. 밤이 되자 그 빈객은 소왕의 궁중창고에서 흰여우털로 감싸인 옷을 훔쳐왔고, 그것을 받은 애첩은 소왕에게 간청하여 맹상군을 풀어주었다. 허락이 떨어지자마자 달음박질 친 맹상군 일행이 함곡관에 이르렀지만 닭이 울기 전이라 성문을 나갈 수 없었다. 뒤늦게 후회한 소왕이 맹상군을 잡겠다고 군사들을 푼 상황이었다. 이때 한 빈객이 닭울음 소리를 내자 주변의 닭들이 하나 둘 깨어 울기 시작했다. 문지기는 문을 열어줄 수밖에 없었고 일행은 무사히 진나라를 빠져나왔다. 이들의 이야기에서 연유된 사자성어가 '계명구도'鷄鳴狗盜이다._맹상군열전

4-7.
왕의 애첩을 베다

손자孫子 무武는 제齊나라 사람이다. 그의 병법이 널리 알려져 오나라 왕 합려를 만나게 되었다. 합려가 말했다.

"그대의 책을 읽었소. 군대를 지휘하는 데 부녀자로도 해볼 수 있소?"

"가능합니다."

합려는 궁중의 미녀 180명을 불러 모았다. 손자는 그들을 두 편으로 나누고 왕이 아끼는 첩 두 명을 각각 대장으로 삼았다. 그리고 모든 이들에게 창을 들게 했다.

"앞으로! 하면 가슴 쪽, 좌로! 하면 왼쪽, 우로! 하면 오른쪽을 각각 바라보아라!"

이렇게 규정을 알려 준 다음 군법에 따라 처형할 수 있는 부월을 마련하고 여러 번 군령을 내렸다. 궁녀들은 크게 웃기만 했다.

"군령이 정확하지 않고 명령에 따르지 않는 것은 장수의 죄다."

그러고는 다시 군령을 알려 주고 명령을 내렸지만 궁녀들은 여전히 웃어댈 뿐이었다.

손자는 말했다.

"군령이 이미 분명함에도 불구하고 구령대로 따르지 않는 것은 지휘하는 대장의 잘못이다"

손자는 좌우 대장의 목을 베려고 했다. 전망대 위에서 보고 있던 왕이 깜짝 놀라 사람을 보내 명령했다.

"장군의 용병이 뛰어난 것을 알겠소. 나는 저 후궁들이 없으면 먹어도 맛을 모르니 그들을 살려주시오."

"저는 이미 왕의 명을 받아 장수가 되었습니다. 그후에 군대를 이끌 때에는 왕의 명이라도 받들지 않을 경우가 있는 것입니다"

손자는 결국 대장 두 명의 목을 베었다. 총애를 받는 또 다른 후궁을 대장으로 임명하고 다시 명령했다. 궁녀들은 모두 좌로, 우로, 앞으로, 뒤로, 꿇어앉기나 일어서기 등 호령대로 따라 하며 감히 다른 소리를 내지 못했다.

손자가 전령을 통해 왕에게 전했다.

"왕께서는 내려와서 시험해 보십시오. 이들을 싸움에 보
낸다면 물불 따지지 않고 덤빌 것입니다."

"장군은 그만 가시오. 과인은 가서 보고 싶지 않소."

손자가 말했다.

"왕께서는 단지 저의 병법 이론만을 좋아하실 뿐이고,
저의 진정한 능력을 실제로 사용하실 줄은 모르십니다."

그러자 합려는 손자가 용병에 뛰어난 것을 인정하고 마
침내는 그를 장군으로 삼았다. 이후 오나라가 여러 제후
국들에게 명성을 날린 것은 손자의 힘이 컸다. _손자·오기열전

4-8.
화우지계 火牛之計

전단田單은 제齊나라 전씨田氏 왕족의 친족이었다. 그는 제 민왕 때 벼슬길에 나아갔으나 그를 알아주는 사람이 없었다.

연나라가 악의를 장군을 삼아 제나라를 공격했다. 제 민왕은 달아났다. 연나라 군사는 제나라 깊숙이 쳐들어와 점령했다. 전단의 집안사람들은 전단의 명령으로 수레의 바퀴 축을 쇠로 싸두어서 동쪽으로 즉묵까지 탈출할 수 있었다. 연나라는 제나라의 거의 모든 성을 점령했으나 거와 즉묵만은 정복하지 못하고 있었다. 연나라 군대가 즉묵을 둘러쌌다. 즉묵의 대부들은 성에서 나가 싸우다가 목숨을 잃었다. 그러자 성 안의 사람들은 전단을 장군으로 삼았다.

얼마 뒤 연나라 왕이 죽고 혜왕이 즉위했다. 전단은 혜왕이 악의를 싫어한다는 것을 알고 첩자를 보내 다음과 같은 소문을 퍼뜨렸다.

"악의는 제나라를 친다는 명분을 내세우지만 사실은 전쟁을 늦추어 자신이 제나라 왕이 되려는 속셈이다. 그래서 제나라 사람들이 자신을 따를 때까지 기다리고 있는 것이다. 이에 제나라 사람들은 다른 장군이 와서 즉묵을 쓸어버릴까 두려울 뿐이다."

연나라 왕은 이 소문을 듣고 악의를 불러들이고 기겁을 장군으로 임명했다. 악의가 조나라로 달아났고 연나라 병사들은 장군이 바뀐 것에 분통을 터뜨렸다.

전단은 성 안의 사람들에게 밥을 먹을 때마다 꼭 조상들에게 제사를 지내라고 명령했다. 그러자 새들이 성 안으로 내려와 젯밥을 먹어치웠다. 사람들이 해괴하게 여기자 전단은 이렇게 소문을 냈다.

"신이 내려와 나에게 가르쳐 주신다."

어느 날은 또 이렇게 말했다.

"이제 신이 나의 스승으로 올 것이다."

그러자 어떤 병졸이 물었다.

"저라도 스승이 될 수 있습니까?"

그러고는 뒤돌아 달아났다. 전단은 그를 불러오게 하여 동쪽을 향해 앉히고 스승으로 모시려 했다. 병졸이 고백했다.

"제가 장군님을 속였습니다. 저는 아무 능력도 없습니다."

"더 이상 아무 말도 하지 말라."

그러고는 그를 스승처럼 모시고, 매순간 말할 때마다 반드시 신의 스승이라 칭했다.

또 첩자를 풀어 이렇게 소문을 퍼뜨렸다.

"나는 연나라 사람들이 성 밖에 있는 조상의 무덤을 파헤쳐 욕보일까 두렵고 섬뜩하다."

연나라 사람들이 실제로 무덤을 파헤쳐 불살라 버렸다. 성 안 사람들은 그 광경을 보고 눈물을 흘리며 나가 싸우자고 외쳤다. 그들의 분노가 점점 더해졌다.

전단은 무장한 병사들은 잠복시키고 노약자와 부녀자들만 성 위로 올려 보냈다. 그리고 사신을 보내 연나라에 항복을 약속했다. 이 말은 들은 연나라 병사들은 더욱더 해이해졌다.

전단은 성 안의 소 천여 마리를 모아 용이 그려진 붉은

비단옷을 입혔다. 쇠뿔에는 칼날을 붙들어 매고 꼬리에
는 갈대를 묶어 기름을 붓고 불을 붙였다. 그러고는 성벽
에 구멍을 뚫은 다음 밤을 틈타 소를 내보냈다. 장사 오
천 명에게 그 뒤를 따르게 했다. 꼬리가 뜨거워지자 소들
이 미쳐 날뛰면서 진나라의 진지로 돌격했고, 놀란 진나
라 병사들이 보기에 그것은 빛나는 용 같았다. 장사들이
들이닥쳤고, 성 안에서는 북을 두드리며 함성을 질렀다.
노인과 아이들도 구리 그릇을 두드렸는데, 마치 천지가
요동치는 듯 했다. 연나라 병사들이 놀라 도망치는 가운
데 마침내 기겁을 죽였다. 그후 전단의 병사들은 연나라
에 빼앗겼던 성 칠십여 개를 되찾았다. _ 전단열전

4-9.
죽어 마땅한 죄

몽염蒙恬의 선조는 제나라 사람이다. 몽염의 조부인 몽오
蒙驁가 진秦나라로 와서 진 소왕昭王을 섬기고 벼슬은 상
경에 이르렀다. 오의 아들이 무武이고, 무의 아들이 염恬
이다.

시황제 26년 몽염은 가문이 대대로 장군이었던 전례로
진나라 장수가 되어 제나라를 크게 물리치고 내사에 임
명되었다. 진나라가 천하를 통일한 후 몽염은 삼십 만 군
사를 이끌고 북쪽으로 올라가 융적을 쫓아내고 그곳에
장성을 쌓았다. 공사를 위해 십 년간 군대를 국경 밖에
주둔케 했는데 이때 몽염은 흉노들에게까지 이름을 떨
쳤다. 시황제는 몽씨 일가를 남달리 아꼈다. 몽염에게는
궁궐 밖의 일을 맡기고 동생 몽의는 궁궐 안에서 정책을

세우는 데 참여시켰다. 시황제는 천하를 살피러 가기 위해 몽염에게 구원에서 감천으로 곧장 갈 수 있는 길을 닦도록 했다. 몽염은 천팔백 리에 이르는 길을 내려고 산을 깎아내고 골짜기 메우기에 애썼지만 완성시키지 못했다.

호해가 태자가 되자, 사자를 보내 부소와 몽염에게 죄를 씌워 죽음을 내렸다. 부소는 스스로 죽었으나 몽염은 의심이 들어 재차 명을 내려달라 요청했다. 사자는 몽염의 지위를 해제하고 다른 사람을 대신하게 했다. 호해는 부소가 이미 죽은 것을 듣고 몽염을 풀어주려 했다. 조고는 몽씨가 다시 권력을 잡아 자기를 미워할까 두려워 거짓을 고했다. 호해는 그 말을 믿고 몽씨 형제를 각각 감옥에 가두었다.

몽염이 말했다.

"신의 집안이 진나라를 섬기고 공을 쌓아 신뢰를 얻은 지 세 대나 되었습니다. 지금 신은 삼십만 대군을 이끌고 있습니다. 비록 죄수의 몸이나 그 힘은 진나라를 배반하기에 부족함이 없습니다. 그럼에도 의를 지키는 것은 조상을 욕되게 할 수 없고, 선왕의 은혜를 잊을 수 없기 때문입니다. 지금까지 신의 집안이 모반을 생각한 적이 없는데 갑자기 이런 일이 생긴 것은 반드시 간사한 신하가 반역을 꾀한 것입니다. 고관과 대부들에게 두루 의견을 구하는 것이 성왕의 도리입니다. 신은 죄를 면하고자 하는 것이 아니라 간언을 올릴 따름입니다. 폐하께서는 도리를 따르십시오."

사자는 조칙을 따를 뿐, 몽염의 말을 전할 수 없다고 했다. 몽염이 긴 한숨 끝에 말했다.

"내가 하늘에 지은 죄가 무엇이기에 아무 잘못도 없이 죽어야 하는가?"

그러고는 한참을 말이 없다가 이윽고

"죽어 마땅한 죄가 있도다. 임조에서 요동까지 만 리에 이르는 장성을 쌓았으니 이 와중에 지맥을 끊지 않을 수 있었겠는가? 이것이 바로 나의 죄로구나."

그런 후에 약을 먹고 죽었다.

사마천은 말한다.

"나는 북쪽 변방에 나아가 지름길로 돌아왔다. 그 와중에 몽염이 쌓은 장성을 보니, 산을 깎고 계곡을 돋워 지름길을 만들었다. 진실로 백성의 노고를 가벼이 여긴 것이다. 진나라가 제후들을 멸망시켰을 때 천하의 민심은 아직 불안하고 전쟁에서 다친 자도 아물지 않았다. 몽염은 이름난 장수이면서 지친 백성들을 돌보는 데 힘쓰지 않고 오히려 시황제의 야심을 위해 공사를 벌였으니 그들이 죽음을 맞은 것은 당연하지 않은가! 어찌 지맥을 끊은 것에 죄를 돌리는가." _ 몽염열전

5부
지기知己를 만나다

5-1.
관포지교

관중管仲은 젊은 시절 항상 포숙아鮑叔牙와 어울려 지냈다. 관중은 이렇게 말했다.

"내가 예전에 포숙과 함께 장사를 했다. 이익을 나눌 때 자주 내가 더 많이 차지했다. 그럼에도 포숙은 나를 탐욕스럽다 여기지 않았다. 내가 가난한 것을 알았기 때문이다. 언제는 내가 포숙을 대신하여 어떤 일을 벌였는데 일이 잘못되어 포숙이 곤란해졌다. 포숙은 나를 어리석다 여기지 않았다. 운이 좋을 때와 나쁠 때가 있음을 알았기 때문이다. 또 내가 일찌감치 벼슬에 나아갔지만 세 번 다 임금에게 내쫓겼다. 그럼에도 포숙은 나를 못났다고 여기지 않았다. 내가 아직 때를 만나지 못한 것을 알고 있었기 때문이다. 내가 세 번 싸움에 나가 모두 도망쳤을 때에도 포숙은 나를 겁쟁이라 하지 않았다. 나에게 늙은 어머니가 있다는 것을 알았기 때문이다. 공자 규가 왕위를 다투다 패했을 때, 소홀은 죽고 나는 잡혀서 수모를 당했다. 그래도 포숙은 나에게 부끄러움을 모른다고 비난하지 않았다. 사소한 일에 부끄러워하기보다 천하에 이름을 내지 못하는 것을 부끄럽게 여기는 것을 알았기 때문이다. 나를 낳아 준 것은 부모이지만 나를 알아주는 것은 포숙이다."_관·안열전

5-2.
선비는 자기를 알아주는 이를 위해
죽는다

예양은 진나라 사람으로 범씨와 중항씨를 차례로 섬겼
으나 이름이 나지는 못했다. 예양이 그들을 떠나 지백을
섬겼는데, 지백은 예양을 매우 아끼고 존중했다. 조양자
가 지백을 쳐 그의 자손까지 죽이고 진나라를 셋으로 나
누었다. 더구나 조양자는 지백에 대한 원한이 깊어 지백
의 두개골에 옻칠을 해 술잔으로 쓰기에 이르렀다.

예양은 산속으로 피해 탄식하며 말했다.

"아! 선비는 자신을 알아주는 사람을 위해 죽고, 여자는
자기를 사랑해 주는 사람을 위해 단장한다고 했다. 이제
지백이 나를 알아주었으니 내 기필코 원수를 갚고 죽겠
다. 그래야 내 영혼이 부끄럽지 않을 것이다."

예양은 성과 이름을 바꾸고 죄수가 되어 조양자의 궁궐

화장실벽을 바르는 일을 했다. 품속에 비수를 품고 있다
가 기회를 보아 조양자를 찔러 죽이고자 했다. 어느 날
조양자가 화장실에 가는데 어쩐지 불길했다. 주변의 죄
수를 조사하다 예양의 품속에서 비수를 찾아냈다.

"지백을 위해 원수를 갚으려 했소."

신하들이 그를 죽이려 하자 조양자가 말렸다.

"지백이 죽고 그 뒤를 이을 자식도 없는데 그의 옛 신하
로서 주인의 원수를 갚으려 하다니, 참으로 천하의 현인
이다."

얼마 뒤 예양은 몸에 옻칠을 하여 문둥이처럼 꾸미고 숯
을 삼켜 목소리마저 바꾸었다. 그의 아내조차 그를 알아
보지 못했다. 예양이 친구를 찾아가니 그가 예양을 알아
보고는 울면서 말했다.

"자네의 재능으로 조양자의 신하가 된다면 분명 총애를
받을 것이네. 그가 자네를 충분히 믿게 되었을 때 원수를
갚는 것이 오히려 쉽지 않겠나? 이렇게 어렵게 몸을 축
내 가며 원수를 갚으려 하는가?"

예양이 말했다.

"남의 신하가 되어 그 사람을 죽이려는 것은 두 마음을

품은 것이네. 나도 어렵네! 그러나 천하 후세에 두 마음
을 품고 주인을 섬기는 자들에게 부끄러움을 느끼게 하
기 위해서라도 해야 하는 일이야!"

예양은 다리 밑에 숨어 기회를 잡으려다 조양자에게 잡
혔다. 예양이 말했다.
"전날 군께서 저를 너그러이 용서한 일로 천하 사람들이
당신의 어진 성품을 칭찬합니다. 오늘의 일로 볼 때 저는
죽어 마땅합니다. 원컨대 제가 군의 옷을 얻어 그것이라
도 칼로 쳐서 원수를 갚게 해주신다면 죽어도 한이 없겠
습니다."
조양자는 그의 의로움에 감탄하여 자기 옷을 벗어 주었
다. 예양은 칼을 뽑아 세 번을 뛰어올라 그 옷을 내리치
며 말했다.
"드디어 지백에게 은혜를 갚았구나!"
그러고는 칼에 엎어져 스스로 목숨을 끊었다._자객열전

5-3.
진시황에게 비수를 겨누다

형가는 위衛나라 사람이다. 형가는 책읽기와 격투기, 검술을 좋아했다. 그는 그 재능으로 위나라 원군에게 유세했으나 등용되지 못했다. 형가는 여러 제후국을 떠돌다연나라에 이르렀다. 그곳에서 그는 개 잡는 백정, 축을잘 타는 고점리 등과 어울렸다. 술을 좋아하는 형가는 그들과 어울려 연나라 시장바닥에서 날마다 술을 마셨다. 술이 취하면 고점리는 축을 타고 형가는 그에 맞춰 노래를 불렀다. 그러다 서로 눈물을 흘리기도 하였는데 마치아무도 옆에 없는 듯 자유로워 보였다. 또한 연나라의 숨어 사는 선비 전광 선생도 사귀었다. 전광은 형가가 보통사람이 아니라는 것을 알아보았다.

때마침 연나라 태자 단이 진나라에 볼모로 잡혀갔다 도망쳐 연나라로 돌아왔다. 그가 일찍이 조나라에 볼모로 갔을 때 진나라 왕 정_{훗날의 진시황}이 태어났고, 어린 시절 이들은 사이좋게 지냈다. 정이 진나라 왕이 되었을 때 단이 진나라에 볼모로 가게 되었는데, 진나라 왕이 그를 예우하지 않았다. 이에 단은 그를 원망하며 도망쳐 연나라로 돌아왔다. 그후 단은 진나라 왕에 원수를 갚아 줄 사람을 찾았으나 힘이 약했다. 진나라는 나날이 강력해져 연나라에까지 세력을 뻗치려 하고 있었다. 두려움에 떨던 연나라에서는 대책을 강구하던 끝에 태자와 전광 선생의 만남이 이루어졌다. 전광 선생은 태자의 계획을 듣고 형가를 추천했다. 두 사람이 헤어지려 할 때 태자 단이 말했다.

"우리가 나눈 이야기는 나라의 큰일입니다. 부디 새어나가지 않도록 해주십시오."

전광 선생은 형가를 만나 태자를 만날 것을 권했다. 그러고는 말했다.

"나이가 들고 덕이 있는 사람의 행동은 다른 사람에게 의심을 품게 하지 않는다고 합니다. 그런데 태자께서는 계획이 새어나가지 않게 해달라 부탁하였습니다. 이는 태자가 나를 의심한 것입니다. 무릇 일을 행할 때 남에게 의심을 사는 것은 절개 있는 사람의 행동이 아닙니다. 부디 태자를 빨리 찾아가 전광은 이미 죽었다고 말하여 일이 새어나갈 염려를 거두게 해 주시오."

그리고 전광 선생은 스스로 목을 찔러 죽었다.

형가를 만난 태자는 다음과 같이 말했다.

"지금 진나라의 욕망은 끝이 없습니다. 천하의 땅을 모두 빼앗고 천하의 왕을 모두 신하로 삼지 않고서는 만족하지 못할 것입니다. 만약 세상에서 가장 용감한 사람을 만나 진나라 왕에게 커다란 미끼를 던져 그를 유혹할 수 있다면 형세를 우리가 원하는 대로 바꿀 수도 있다는 생각이 듭니다. 이익에 눈이 먼 진나라 왕을 위협하여 제후들에게 빼앗은 땅을 모두 돌려주게 한다면 가장 좋을 것입니다. 그것이 여의치 않다면 기회를 보아 그를 찔러 죽이는 수밖에 없습니다."

태자는 주저하는 형가의 앞으로 나아가 머리를 조아리며 꼭 이 일을 맡아 주기를 간청하였다. 형가가 마침내 허락을 했고 태자는 형가에게 후한 대접을 베풀었다.

오랜 시간이 지나도 형가가 진나라로 떠날 줄 몰랐다. 애가 탄 태자는 용감하다 정평이 난 진무양을 조수로 소개하며 먼저 제나라로 보내겠다고 했다. 형가는 화를 내어 말했다.

"태자께서는 어찌 무양을 보낸다 하십니까! 한 번 가면 다시는 돌아오지 못합니다. 비수 한 자루 품고 무슨 일이 생길지 모르는 진나라로 들어가는 것입니다. 제가 아직 떠나지 않은 것은 제 벗을 기다려 함께 가고자 했기 때문입니다. 지금 태자께서 이리 재촉하시니 길을 떠나겠습니다."

마침내 형가는 길을 떠났다. 떠나는 길에 고점리가 축을 타고 형가는 노래를 불렀다. 형가가 슬픈 목소리로 노래를 부르자 배웅을 나와서 듣던 모든 사람들이 눈물을 떨구었다. 형가는 이렇게 노래했다.

바람소리 쓸쓸하고
역수는 차갑구나!
장사가 한 번 떠나면
다시는 돌아오지 못하리

형가가 다시 강건한 음성으로 노래하니 듣는 사람들 모

두 눈을 부릅떴고, 머리카락이 쭈뼛 치솟아 관을 찌를 듯했다. 이렇게 형가는 수레를 타고 뒤를 돌아보지 않고 떠났다.

형가는 진시황을 배반했던 장수 번오기의 머리가 든 상자를 들고, 진무양은 독항의 지도가 든 상자를 들고 차례로 왕 앞으로 나아갔다. 계단 앞에 이르자 진무양이 벌벌 떨었다. 형가가 지도를 받아 진시황에게 바쳤다. 진시황이 지도를 펼치자 비수가 드러났다. 순간 형가가 왼손으로 왕의 소매를 잡으며 오른손으로 비수를 휘둘러 진시황을 찌르려 했다. 그러나 비수가 몸에 닿기 전에 진시황이 놀라 몸을 피해 일어나면서 소매가 떨어졌다. 진나라 왕은 칼이 길어 뽑지 못하고 칼집만 잡았다. 더구나 급하게 뽑으려니 제대로 되지 않았다. 형가가 쫓아가자 진시황은 기둥을 돌며 몸을 피했다. 주변의 신하들은 너무 놀라 어찌할 바를 모르고 허둥지둥했다. 계단 아래의 호위 무사들은 왕의 명령이 없는 한 올라갈 수 없었다. 그때 옆에 있던 시의 하무저가 약주머니를 형가에게 던졌다. 신하들이 외쳤다.

"왕께서는 칼을 등 뒤로 넘기십시오!"

왕은 등 뒤로 칼을 넘겨서야 칼을 뽑아 형가의 왼쪽 다리를 베었다. 쓰러진 형가가 진시황을 향해 비수를 던졌지만 구리기둥에 맞았다. 진시황은 형가에게 칼을 휘둘러 여덟 군데에 상처를 입혔다. 형가는 스스로 일을 그르쳤음을 알고 기둥에 기대어 웃음을 지었다. 그러고는 이렇게 말했다.

"진나라 왕을 사로잡아 위협으로 반드시 약속을 받아내어 태자에게 보답하려 했으나 일이 여의치가 않구나!"

이때, 주위의 신하들이 몰려와서 형가를 죽였다. _자객 열전

5-4.
문경지교

염파廉頗는 병법에 뛰어난 조趙나라의 장수이다. 조 혜문왕 때 장수가 되어 제나라를 공격해 큰 공을 세워 상경에 임명되었고, 그 용맹은 제후들에게 널리 알려졌다.

인상여藺相如도 조나라 사람으로, 무현繆賢의 가신家臣이었다. 상여는 조나라와 진나라 왕의 회합 자리에 함께 참석했다. 진나라 왕이 조나라 왕에게 거문고를 타게 하고, 어사御史에게 "진나라 왕이 조나라 왕에게 거문고를 타게 했다"라고 기록하게 했다. 이에 상여가 진나라 왕 앞으로 나아가 무릎을 꿇고 옹기로 만든 악기를 바쳤다. 진나라 왕이 노여워하며 악기를 받지 않았다. 상여는 이렇게 말했다.

"신과 왕 사이는 다섯 걸음 안쪽입니다. 끝까지 받지 않으시겠다면 제 목의 피를 왕에게 흩뿌릴 수 있는 거리입니다."

이 말은 들은 진나라 신하들이 칼을 빼들었지만 상여가 눈을 부릅뜨고 호통을 치니 모두 물러날 수밖에 없었다. 진나라 왕은 어쩔 수 없이 조나라 왕을 위해 악기를 한 번 두드렸다.

회합을 마치고 돌아온 조나라 왕은 상여의 공을 치하하고 상경의 벼슬을 내렸다. 이것은 염파보다 높은 자리였다. 그러자 염파가 말했다.

"나는 조나라 장군으로 싸움에서 성을 공격하고 들판에서 적을 무찔러 큰 공을 세웠다. 그러나 인상여는 단지 혀와 입만 놀렸을 뿐인데 나보다 높은 지위에 임명되었다. 본래 미천한 출신인 그자의 밑에 있는 것 또한 부끄러운 일이다. 내 그자를 만나면 반드시 모욕을 주리라."

상여는 이 말을 들은 후부터 염파와 마주치려 하지 않았다. 조회가 있을 때면 병을 핑계 삼아 염파와 자리다툼을 피했다. 외출했다가 멀리 염파가 보이면 수레의 방향을 틀어 숨어 버리기도 했다. 그러자 상여의 가신들이 불만을 토로했다.

"저희가 친척들을 멀리하고 군을 섬기는 것은 오직 군의 높으신 의리를 받들기 위해서입니다. 지금 군께서는 염 파와 같은 서열입니다. 그런데 염파가 군에 대한 악담을 퍼뜨리는데도 그를 두려워 피하기만 하십니다. 또 지나치게 겁을 내십니다. 이는 보통 사람도 부끄러워하는 일이거늘 하물며 장군이나 재상은 어떻겠습니까? 하여 못난 저희는 이제 군을 떠나기를 청합니다."

인상여는 간곡하게 그들을 말리며 말했다.

"그대들이 보기에 염장군과 진나라 왕 중 누가 더 무섭겠소?"

"염장군이 못 미칩니다."

"나는 진나라 왕의 위세에도 굴하지 않고 그를 꾸짖고 그 신하들을 부끄럽게 했소. 내가 아무리 어리석기로 염장군이 두렵겠소? 지금의 정황으로 볼 때 강한 진나라가 우리 조나라를 공격하지 못하는 것은 염파와 내가 있기 때문이오. 그런 지금 두 호랑이가 싸운다면 결국 둘 다 살아남기 힘들 것이오. 내가 염파를 피하는 것은 나라의 위태로움을 먼저 생각하고 사사로운 원한은 뒤로 두기 때문이오."

이 말은 들은 염파는 웃옷을 벗어 어깨를 드러내고는, 가시 채찍을 등에 지고 인상여의 집 문앞에 이르렀다. 그러고는 "천박한 제가 상경의 너그러우심을 미처 몰랐습니다"라고 사죄했다.

이리하여 두 사람은 서로 화해하고 죽음을 함께하는 벗[刎頸之交]이 되기로 약속했다._염파·인상여열전

5-5.
유협의 죄

지금 학문에 매이거나 작은 의를 품고서 오랜 세월 세상을 등지고 사는 것이 어찌 천박한 의논을 일삼아 세속에 영합하여 영예로운 이름을 얻는 것만 못하겠는가? 그러나 또한 벼슬은 없으나 은혜를 입으면 반드시 갚고, 약속한 일은 반드시 실천하며, 천 리를 가서라도 의를 위해 죽으나 세상의 평은 돌아보지 않으니 이것이 유협의 뛰어난 점이다.

곽해는 지현 사람이다. 그의 아버지는 협객이라 하여 효문제 때 처형되었다. 그는 몸집은 작지만 총명하고 용감하며 술은 마시지 않았다. 젊었을 때는 성품이 잔인하여 뜻대로 되지 않으면 직접 사람을 죽이는 일도 잦았다. 그러나 나이를 먹으면서 행실을 바꾸어 자기를 누르고 소박하게 살았다. 자기에게 불만을 품은 자에게도 덕으로 갚았다. 다른 사람에게 큰 은혜를 베풀기는 즐겼으나 보답은 바라지 않았다. 젊은이들이 그의 행동을 사모하였다.

곽해 누이의 아들이 다른 사람과 술을 마신 적이 있다. 그는 곽해의 위세에 기대 상대를 모욕했다. 그러자 그 사람은 화가 나 곽해의 조카를 찔러 죽였다. 곽해의 누이는 노여워하며 말했다.

"나의 자식이 남에게 죽었는데 의협심 강하다는 곽해는 범인도 못 잡는다!"

그러고는 아들의 시신을 시장바닥에 두고 장사도 지내지 않으면서 곽해에게 모욕을 주려 했다. 곽해가 사람을 풀어 탐색하자 범인이 스스로 찾아왔다. 사연을 다 들은 곽해가 말했다.

"당신이 그를 죽인 것은 당연하오. 당신에게는 죄가 없소."

누이를 찾아가 아들의 죄를 알리고 시신을 거두어 장사를 지냈다. 이 일로 곽해를 따르는 사람들이 더 많아졌다.

한 무제 때 지방의 부호와 호족들을 다른 지역으로 이주시키라는 명이 실행되었다. 곽해는 집이 가난해 부호의 조건에 들어맞지 않았다. 그러나 관리들은 그의 명성이 높기에 명단에 포함시켰다. 위청 장군이 이를 알고 황제에게 아뢰었다.

"곽해는 집이 가난하니 이주 대상이 아닙니다."

"한낱 평민이라면서 장군이 부탁할 정도의 권력이 있다면 그 집은 가난하다 할 수 없소."

마침내 곽해의 집도 옮겨가게 되었다. 이때 그를 전송하는 사람들이 낸 전별금만도 천만 전이 넘었다.

그후 곽해를 비난하는 선비를 죽여 혀를 잘라 버린 식객이 있었다. 관리는 그 일로 곽해를 심문했으나 곽해도 그 자가 누군지 알지 못했다. 할 수 없이 관리는 황제에게 곽해는 죄가 없다고 고했다. 이에 공손홍이 이렇게 따졌다.

"곽해는 일개 평민의 몸으로 협객 노릇을 일삼으며 권력을 휘두르고 사소한 원한으로 사람을 죽였습니다. 선비를 죽인 일은 모른다 하더라도 그 죄는 직접 죽인 것보다 큽니다. 대역무도한 죄입니다."

이리하여 곽해의 집안은 몰살을 당하고 말았다. - 유협열전

낭송Q시리즈
낭송 사기열전

6부
혼탁한 세상에 질문을 던지다

6-1.
하늘의 도리는 무엇인가?

공자는 말했다.

"백이伯夷와 숙제叔齊는 지난날의 원한을 떠올리지 않아 남을 원망하는 일이 드물었다."

또 "인仁을 구하여 그것을 얻었는데 또 무엇을 원망하겠는가?"라고도 했다.

그러나 나는 그들의 심정에서 슬픔이 느껴진다. 그들에 대해 전하는 말은 이러하다.

백이와 숙제는 고죽국의 왕자들이다. 왕은 동생인 숙제에게 왕위를 물려주었다. 그런데 숙제는 아버지가 죽자 형인 백이를 왕으로 세우고자 했다. 백이가 말했다.

"네가 왕위를 물려받는 것은 아버지의 명이었다."

그러고는 나라를 떠나 버렸다. 숙제 또한 왕위를 버리고 형을 따랐다.

백이와 숙제는 문왕이 노인을 잘 받든다는 소문을 듣고 그의 밑에서 살기 위해 찾아갔다. 가보니 그는 이미 세상을 떠난 뒤였다. 그의 아들 무왕은 아버지의 위패를 수레에 모시고 은나라 주왕을 정벌하려 나서고 있었다. 백이와 숙제는 무왕의 말고삐를 부여잡고 말했다.

"부친의 장례도 치르지 않고 전쟁을 일으키는 것을 효孝라고 할 수 있습니까? 또한 신하가 군주를 시해하려는 것을 인仁이라 할 수 있습니까?"

무왕을 호위하던 사람들이 그들에게 칼을 겨누었다. 그러자 강태공이 말했다.

"이들은 의로운 사람이다."

그리고 그들을 물러나게 하여 돌려보냈다.

그후 무왕은 은나라를 멸망시키고 주나라를 건국했다. 천하는 주 왕실을 중심으로 삼았다. 백이와 숙제는 주나라의 백성이 되는 것을 부끄럽게 여겼다. 이에 주나라에서 살기를 마다하고 수양산으로 들어가 고사리 등으로 연명하다 굶어 죽었다. 그들이 죽을 즈음에 '채미가'라는 노래를 지었다고 하는데, 내용이 이렇다.

저 서산에 올라

고사리를 캐네.

포악으로 포악을 바꾸었음에도

그 허물을 모르는구나.

신농, 우, 하나라 때는 느닷없이 지나갔건만

우리는 이제 어디로 돌아간단 말인가?

아아! 죽음이여

우리 운명도 끝이로구나!

이 노래를 볼 때 그들은 원망한 것인가? 그렇지 않은 것인가?

혹자는 말한다.

"하늘의 도리는 치우침이 없어 늘 착한 사람 편이다."

그렇다면 백이숙제는 착한 사람이라고 할 수 있지 않은가? 행동을 바로잡아 어질게 살기 위해 평생 힘썼다. 그럼에도 그들은 굶어서 죽었다. 어디 그뿐인가! 공자는 칠십 명의 제자 중에서 오로지 안연만이 학문을 좋아한다고 인정했다. 그러나 그도 술 지게미와 쌀겨조차 배불리 먹지 못하는 삶을 살다 젊어서 죽었다. 하늘이 착한 사람

편이라면 어찌 이럴 수 있는가?

도척은 죄를 가리지 않고 사람을 죽여 살을 회쳐 먹으며 수천 명의 도둑들을 이끌어 천하를 어지럽혔음에도 제 명을 다하고 죽었다. 이것은 어떠한 도리에 따른 것인가? 지금으로 보자면 하는 일마다 법이 금지하는 것을 일삼아도 한평생 부귀영화를 누리는 것은 물론 대대손손 이어지는 사람이 있다. 그런가 하면 한 걸음을 내딛어도 가려서 딛고, 말도 때를 기다려서 하며, 길도 작은 길은 가지 않고 공정한 일이 아니라면 나아가지 않는데도 재앙을 겪는 사람이 헤아릴 수 없이 많다.

나는 참으로 혼란스럽다. 만약 이것이 하늘의 도리라면 그 도리는 과연 맞는 것인가? 틀린 것인가? _백이열전

6-2.
무위의 도

노자老子는 초楚나라 고현 사람이다. 주나라 왕실 도서관의 관리였다. 공자가 주나라에 갔을 때 노자를 만나 예禮에 대해 물었다.

"그대가 존숭하는 옛 현인들은 이미 산천의 흙이 되었고 그 말만 남았을 뿐이오. 군자 역시 때를 만나면 관직에 나아가지만, 때를 만나지 못하면 이리저리 떠도는 남루한 신세지요. 수완이 좋은 장사꾼은 아무리 좋은 물건이라도 일단 숨기고 없는 듯이 하고 군자 역시 훌륭한 덕을 내세우지 않아 어리석어 보이는 법이오. 그대는 자만과 허세, 도를 넘은 욕망을 버리시오. 그런 것들은 그대를 망칠 뿐이오. 내가 하고 싶은 말은 이것뿐이외다."

제자들에게 돌아온 공자는 이렇게 말했다.

"새는 하늘을 날고 물고기는 물속에서 헤엄치며 들짐승은 잘 달린다고 들었다. 그래서 들짐승은 그물로 잡고 물고기는 낚시로, 새는 화살로 잡으면 그만이다. 그러나 용은 구름과 바람을 타고 하늘에 오르니 잡을 바를 모르겠거늘, 오늘 만난 노자는 마치 용과 같았다."

노자는 도와 덕을 닦고 스스로를 숨겨 헛된 명성을 멀리했다. 이후 주나라가 쇠퇴해지자 그곳을 떠나 국경에 이르렀다. 국경의 문지기 윤희가 그를 알아보고 "은거하시기 전에 저를 위하여 선생님의 학설을 배울 수 있는 기회를 주십시오"라고 간청했다. 이에 노자는 도에 관해 오천여 자로 상·하편을 짓고 국경 밖으로 나가 더 이상 그의 소식을 아는 자가 없었다.

세상에서 노자의 학설을 따르는 자는 유가 학설을 무시하고 유가의 학설을 따르는 자는 노자를 무시한다. "길이 다르면 서로 논하지 않는다"는 것은 이를 이른 것인가. 노자는 하지 않는 것無爲으로써 저절로 깨우치게 하고, 맑고 고요한 가운데 저절로 바르게 되게 했다. _노자·한비열전

6-3.
벼슬을 마다하다

장자莊子는 몽 지방 사람으로 이름은 주周다. 그는 제 선
왕, 위 양혜왕과 같은 시대 사람이다. 도달한 학문의 경
지가 높아 막힘이 없었는데 그 근본은 노자의 학문을 따
랐다고 전한다. 십만여 자나 되는 그의 책은 주로 우언寓
言으로 이루어져 있다. 그는 여러 편의 글에서 공자의 학
설을 비판하고 노자 학설의 뜻을 더욱 밝혔다. 그의 문장
은 허구일지라도 세상의 이치에 두루 빼어난 비유로 유
가와 묵가를 비판하니 천하의 유력자라도 그의 붓끝을
피할 수 없었다. 그의 말은 거센 물줄기처럼 호방하고 자
기의 마음대로 하는지라 세간의 인정도 아랑곳하지 않
았다.

초나라 위왕이 그를 재상으로 삼고자 사신을 보냈다. 장주는 사신에게 이렇게 말했다.

"그대가 들고 온 재물은 부족함이 없고, 재상의 자리 또한 천하가 탐내는 자리오. 그러나 나는 그것들이 제사에 희생으로 바쳐지는 소에게 먹이는 여물처럼 보이오. 소는 몇 년 동안 때를 거르지 않고 배불리 먹여 귀하기 이를 데 없이 거둬지겠지만, 제사 때가 되면 비단을 휘감아 태묘로 보내지니 그때서야 돼지가 되기를 발버둥 친다 해도 이미 늦은 바. 그대는 더 이상 나를 욕되게 하지 마시오. 시궁창에 구를지언정 제후에게 빌붙어 목숨을 부지하고 싶지 않소. 죽을 때까지 벼슬길에는 눈길도 주지 않을 것이오."_노자·한비열전

6-4.
그를 흠모한다

안평중晏平仲 영嬰은 제나라 영공, 장공, 경공을 섬겼는데 아껴 쓰고 힘써 실천하는 삶을 살았다. 안영은 제나라 재상이면서도 밥상에 고기반찬이 두 가지를 넘지 못하게 하였으며, 첩이 비단옷을 입는 것을 금했다. 또 조정에 나아갔을 때 임금이 물으면 곧고 신중하게 대답하고, 그렇지 않을 때는 몸가짐을 바르게 했다. 임금이 도로써 다스리면 순종하고, 그렇지 않으면 따르지 않았다. 그래서 3대에 걸쳐 제후들의 인정을 받았다.

안영이 재상이 되어 외출하는 어느 날, 마부의 아내가 자신의 남편을 몰래 엿보았다. 남편은 마부이면서 마차의 큰 차양 밑에 앉아 네 마리 말에게 채찍을 휘두르며 자못 의기양양한 모습이었다. 외출에서 돌아온 후 마부의 아내가 마부에게 헤어지자고 했다. 마부가 까닭을 물었다.

"안영은 여섯 자도 채 안 되는 키인데 제나라 재상이 되어 이름을 널리 알렸습니다. 오늘 외출하는 모습을 가만 보니 뜻을 깊이 품고 늘 겸손하게 자신을 낮추었습니다. 그런데 당신은 여덟 자나 되는 키에 겨우 마부 노릇을 하면서 어찌나 잘난 체를 하는지. 저는 그런 당신과 헤어지고 싶습니다."

이후 마부는 스스로 겸손할 수 있도록 마음을 다스렸다. 안영이 마부의 모습을 보고 까닭을 물었다. 마부의 사연을 들은 후 안영은 그를 벼슬에 추천했다.

사마천은 말한다.

"안영은 제나라 장공이 대부 최저의 반란으로 죽었을 때 그 시신 앞에 엎드려 곡을 하여 군신의 예를 갖추고 떠났다. 이것을 어찌 '의를 보고도 행하지 않는 비겁한 짓'이라 할 수 있겠는가? 그러나 왕에게 간언을 할 때는 왕의 얼굴빛을 조금도 염두에 두지 않았으니 '나아가서는 충을 다하고, 물러나서는 잘못을 바로잡으려 힘쓴다'라는 마음이었으리라! 지금 안영이 살아 있다면 나는 그의 마부가 되고 싶을 만큼 흠모한다." _관·안열전

6-5.
공자가 제일 아낀 제자, 안회

공자는 말했다.

"내 문하에서 학업에 힘써 육예에 능통해진 사람은 일흔 일곱 명이다."

그들은 모두 뛰어난 사람들이었다. 덕행에는 안연과 민자건, 염백우, 중궁이 있었다. 정치에는 염유와 계로, 말솜씨는 재아와 자공, 문학으로는 자유와 자하가 있었다.

안회顔回는 노나라 사람이며 자字는 자연子淵이다. 그는 공자보다 삼십 년 연하이다. 안회가 인仁에 대해 물었을 때, 공자는 이렇게 대답했다.

"자기의 사사로운 욕심을 이겨내어 예로 돌아가면 천하가 인으로 돌아갈 것이다."

공자는 또 안회에 대해 이렇게 말했다.

"어질구나. 안회여! 대나무 그릇에 담은 밥 한 그릇과 표주박에 담긴 물 한 바가지로 끼니를 때우며 누추한 데 사니 다른 사람들은 견디지 못하리라. 안회는 아랑곳하지 않으며 즐겨하는 것을 바꾸지 않는구나!"

"안회는 배울 때는 듣고만 있어 어리석은 줄 알았다. 물러가 행동하는 것을 살펴보니 배운 대로 행하고 있었다. 안회는 어리석지 않구나!"

안회는 스물아홉에 머리가 하얗게 세더니 젊은 나이에 죽었다.

노나라 애공이 공자에게 물었다.

"제자들 중에서 누가 배우기를 좋아합니까?"

"안회가 배우기를 좋아하고 노여움을 남에게 옮기지 않았으며, 잘못을 되풀이하지 않았습니다. 그러나 불행히도 젊은 나이에 죽었습니다. 지금은 배우기를 좋아하는 자가 없습니다." _중니제자열전

6-6.
용맹으로 명을 재촉한 제자, 자로

중유仲由는 자가 자로子路이며 계로라고 불리기도 한다. 노나라의 변卞 땅 사람이다. 공자보다 9년 연하이다. 자로는 성격이 거칠고 용감하며 뜻이 곧고 강했다. 그는 한때 공자를 업신여기며 사납게 굴었다. 그러나 공자가 예의를 지키며 조금씩 바른 길로 이끄니, 나중에는 유자의 옷차림으로 예물을 바치며 문인을 통해 제자가 되기를 간청했다.

자로가 정치하는 법을 묻자 공자가 대답했다.

"백성보다 앞서서 나서고, 백성의 일에 몸소 애쓰는 것이다."

그 밖에 더 해야 할 것이 있느냐고 물었다.

"게으르지 않아야 한다."

자로는 좋은 말을 들으면 아직 행하지도 않았는데 또 다른 좋은 말을 들을까 두려워했다.

공자는 자로에 대해 이렇게 말했다.

"자로는 나보다 더 용맹을 좋아하지만 그 의를 적절하게 쓰지 못한다. 자로는 제명대로 살다가 죽기 어려울 것이다."

"다 해진 솜옷을 걸치고서 여우나 담비 가죽으로 만든 옷을 입은 자와 함께 서도 부끄러워하지 않을 사람은 자로일 것이다."

일찍이 위나라의 영공은 남자南子라는 부인을 총애했다. 영공의 태자인 괴외는 그런 남자에게 죄를 짓고 나라 밖으로 도망쳤다. 영공이 죽은 후 괴외의 아들이 왕이 되니 출공이다. 출공이 왕위에 오른 지 12년이 되어도 괴외는 위나라로 돌아오지 못했다. 이에 괴외는 공회와 결탁하여 반란을 꾀했다. 이 무렵 자로는 공회의 가신으로 있었다. 괴외는 공회의 무리와 출공을 습격하였고, 출공은 노나라로 달아났다. 괴외가 왕위에 올라 장공이 되었다.

공회가 난을 일으켰을 때, 밖에 있던 자로는 이 소식을 듣고 급히 성으로 향했다. 자로는 마침 성문을 나오던 자고와 마주쳤다. 자고가 말했다.

"출공은 달아났고 성문은 벌써 닫혔습니다. 그러니 그냥 돌아갑시다. 공연히 들어가면 화만 당하실 것입니다."

"출공의 녹을 먹었으면서 그가 어려움에 처한 것을 알고도 피할 수는 없소."

자고는 결국 성을 떠났고 자로는 성으로 들어가는 사자를 따라 안으로 들어갔다. 마침 괴외와 공회가 누대로 오르고 있었다. 자로가 외쳤다.

"왕께서는 공회 따위를 어디에 쓰려 하십니까? 당장 아래로 보내십시오. 제가 죽이겠습니다."

괴외가 들은 척을 안 하자, 자로는 그들이 오른 누대에 불을 지르려고 했다. 두려워진 괴외가 자신의 신하 둘을 아래로 보내어 자로를 공격하게 했다. 그들이 자로를 공격하여 갓끈까지 끊어 버렸다. 자로는 이렇게 외쳤다.

"군자는 죽더라도 관을 벗지 않는다."

자로는 갓끈을 다시 맨 뒤에 죽었다.

공자는 위나라에서 반란이 일어났다는 이야기를 듣고 탄식했다.

"아! 자로가 죽겠구나!"

그 뒤 얼마 안 되어 과연 자로가 죽었다. _중니제자열전

6-7.
삼년상의 예를 거부한 제자, 재여

재여宰予는 자가 자아子我이며 말솜씨가 뛰어났다. 그는 공자에게 배운 것을 두고 이렇게 물었다.

"부모에 대한 삼년상은 너무 길지 않습니까? 군자가 삼 년간 예를 닦지 않는다면 반드시 예가 무너질 것이며, 삼 년 동안 음악을 내버려 둔다면 음악 또한 무너질 것입니다. 일 년이 지나면 묵은 곡식은 다 없어지고 햇곡식이 익고, 나무를 비벼 피우는 불씨도 일 년이면 바뀝니다. 부모의 상도 일 년이면 됩니다."

"그렇게 하면 네 마음이 편하겠느냐?"

"네"

"그렇다면 너는 그렇게 하거라. 군자는 부모의 상을 당하면 맛있는 음식을 먹어도 달지 않고, 좋은 음악을 들어도 즐겁지 않기 때문에 그렇게 하는 것이다."

재여가 밖으로 나가자 공자는 이렇게 말했다.

"재여는 참으로 어질지 못하다. 자식은 태어나서 삼 년 이 지나야 부모 품을 벗어난다. 그래서 삼년상이 천하에 통하는 예인 것이다." _ 중니제자열전

6-8.
말솜씨로 걱정을 덜어 준 제자, 자공

단목사端沐賜는 위衛나라 사람이며 자가 자공子貢이다. 공자보다 31년 연하이다. 자공은 말재주가 뛰어났는데 공자는 늘 이 점을 꾸짖어 경계시켰다.

자공이 물었다.

"부유하지만 교만하지 않으며 가난하지만 아첨하지 않는 것은 어떻습니까?"

"괜찮지. 그러나 가난하지만 도를 즐기고 부유하면서도 예를 좋아하는 것만은 못하다."

제나라 대부인 전상이 여러 대부들과 합쳐 노나라를 쳐들어가기로 했다.

공자가 이 소식을 듣고 제자들에게 말했다.

"노나라는 조상이 묻혀 있는 부모의 나라다. 그런 나라가 위험해졌다. 그대들은 어찌 나서지 않는가?"

제자인 자로, 자장, 자석이 각각 나서겠다고 했으나 공자가 허락하지 않았다. 자공이 나서자 마침내 허락했다.

자공은 제나라로 가서 전상에게 말했다.

"당신의 결정은 잘못된 것입니다. 노나라는 성벽은 낮고 해자는 좁고 얕지요. 대신들은 무능력하고 임금은 어리석습니다. 병사나 백성들은 전쟁을 싫어하니 이런 나라는 당신들의 싸움 상대가 되지 못합니다. 반면 오나라는 그렇지 않으니 오히려 정벌하기 쉽습니다."

"당신이 어렵다는 상대야말로 다른 사람에게는 쉽고, 쉽다는 상대는 어렵소. 이런 말을 하는 까닭이 무엇이오?"

"내부에 근심이 있으면 강한 적을 상대하고, 외부에 근심이 있으면 약한 적을 공격하라는 말이 있지요. 제가 보기엔 당신의 적은 내부에 있습니다. 당신이 임금의 명령으로 세 번이나 봉해졌는데도 성사되지 못한 것은 대신들의 반대 때문이라 들었습니다. 이제 노나라를 정벌하여 제나라의 영토를 넓힌다면, 임금을 교만하게 하고 대신들의 공만 높일 뿐 당신은 임금과 더욱 소원해질 게 뻔

합니다. 이렇게 되면 당신은 임금과는 점점 거리가 생기고 대신들과 권력다툼이 더욱 심해져 운신이 좁아집니다. 그런 까닭으로 오나라를 공격하는 것이 더 낫다 하는 것입니다. 오나라를 공격해 지더라도 백성들은 전쟁에서 죽고 안으로 대신들의 세력이 약해져 당신에게 대적할 자가 없어질 것입니다. 그러면 임금의 위세도 줄어 제나라를 마음대로 할 수 있을 것입니다."

이 말은 들은 전상이 물었다.

"좋소, 그런데 군대는 이미 노나라로 떠났소. 이제 와서 오나라로 방향을 틀라 하면 대신들이 의심할 텐데 어찌해야 하오?"

"핑계를 대면서 군대의 공격을 늦추십시오. 그동안 제가 오나라 임금을 설득해 노나라를 도와 제나라를 공격하게 하겠습니다. 그때 당신은 오나라에 맞서 싸우십시오."

전상이 이를 허락하자 자공은 오나라로 갔다.

자공이 오나라, 월나라를 거쳐 진나라에 갔다가 노나라로 돌아왔을 때 전세는 이러했다. 오나라는 제나라와 전투를 벌여서 대승을 거두었다. 여세를 몰아 진나라까지 공격했다. 황지에서 격돌한 전투에서 진나라가 크게 이졌다. 이 소식을 들은 월나라는 오나라의 도성 앞까지 진격해 주둔했다. 월나라의 침략 소식을 들은 오나라는 진나라와의 싸움을 그만두고 도성으로 돌아왔다. 두 나라는 세 번 싸웠는데 결국 월나라가 오나라의 도성을 함락시키고 임금 부차를 죽였다. 오나라를 무찌르고, 삼 년 뒤 월나라는 춘추시대 패자가 되었다.

자공이 한 번 나서서 노나라를 전쟁에서 구하고 제나라를 혼란에 빠트렸다. 또한 춘추시대 나라 간에 형세를 흔들어 십 년 사이에 다섯 나라에 커다란 변화를 일으켰다.

자공은 또 싸게 사서 비싸게 파는 일을 좋아하여 때를 잘 살펴 돈을 불렸다. 그는 노나라와 위衛나라에서 재상을 지냈으며 집안에 천금을 쌓아 두기도 했다. 그는 제나라에서 죽었다. - 중니제자열전

6-9.
나는 태사공 사마천이다 ① :
육가의 핵심을 논한 사마담

사마천의 아버지 사마담은 천문학자에게 천문에 관한
것을 배우고 양하에게서 『주역』을 전수받고, 황자에게서
도가의 견해를 배웠다. 그는 학자들이 학문의 본뜻에 통
달하지 못한 것을 염려하여 육가의 핵심이 되는 가르침
을 논하였다.

음양가는 지나치게 번잡하고 세세하며 금기하는 것이
많아 보통 사람을 구속하고 두려워하게 하였다. 그러나
네 계절이 운행하는 큰 법칙을 밝힌 점은 배울 만하다.
유가의 학설은 너무 광범위하여 힘써 배워도 효과가 적
다. 그래서 모두 따르기는 어렵다. 그러나 군신과 부자
간의 예절을 만든 것과 부부와 장유 사이의 구별을 정한

것을 바꾸면 안 된다.

묵가는 지나치게 검소함을 내세워 따르기 힘들다. 그럼에도 근본을 튼튼히 하고 씀씀이를 절약하라는 지침은 꼭 지켜야 한다.

법가의 학설은 엄격하여 온정이 각박하기는 하지만, 군신과 상하의 본분을 바르게 하자는 것은 고치지 말아야 한다.

명가는 사람들을 명분에 얽매이게 하여 진실을 잃기 쉽게 했다. 그럼에도 명분과 실질의 관계를 바르게 한 점은 뛰어나다.

도가는 정신을 집중하게 하여 무형의 도에 맞은 행동으로 만물을 풍족하게 한다. 그 학술은 음양가의 천지자연의 법칙을 따르고, 유가나 묵가의 좋은 점을 받아들이며, 명가와 법가의 요점을 시대에 맞추어 적용하니, 만물에 호응하여 변하며 적절하지 않은 것이 없다. 따라서 그 의도는 간략하여 중요한 것을 파악하기 쉬우니 일은 적어도 효과는 많다.

사마천은 말한다.

"선친께서 말씀하셨다. '주공이 죽은 뒤 오백 년 만에 공자가 태어났다. 공자가 죽은 뒤 오늘에 이르기까지 오백

년이 지났으니, 다시 밝은 세상을 이어 받아『역전』易傳을
바로잡고, 『춘추』春秋를 잇고, 『시』詩, 『서』書, 『예』禮, 『악』樂
의 근본을 밝힐 수 있는 자가 있을 것이다.' 아버지의 뜻
이 바로 여기에 있지 않았던가! 아버지의 뜻이 바로 여
기에 있었도다! 그러니 내가 어찌 감히 그 일을 마다하
겠는가?"

6-10.
나는 태사공 사마천이다 ② :
『춘추』에 대한 호수와의 논쟁

호수가 말했다.

"공자 시대에는 위에 현명한 군주가 없어 공자가 임명되지 못했습니다. 그래서 공자는 당대의 역사서 『춘추』를 지어 힘없는 말이라도 예의를 정하여 왕의 법으로 삼았습니다. 그런데 지금 선생은 위로 밝은 천자가 있어 아래에서 관직을 얻었습니다. 모든 일이 다 갖추어져 모든 사람이 각각 그 마땅한 것을 얻었습니다. 선생의 책에서는 무엇을 밝히려 합니까?

사마천이 말했다.

"나는 돌아가신 아버님께 이렇게 들었습니다. '『춘추』에서는 선을 취하되 악을 물리치며, 하, 은, 주 삼대의 덕을 높이고 주나라 왕실을 찬양했다. 그러므로 이것은 풍자나 비방에만 그치는 것은 아니다.' 지금 나는 사관이라는 기록하는 벼슬자리에 있으면서 밝고 위대한 천자의 덕을 내버려두고 기록하지 않으며, 공신과 세가, 현명한 대부들의 업적을 기술하지 않았으니, 선친께서 남긴 말씀을 어긴 것으로 이보다 큰 죄는 없습니다. 나는 이른바 지난날을 적어 대대로 내려오는 것을 간추려 정리할 뿐 창작하려는 것이 아닙니다. 그러니 이것을 『춘추』와 비교하는 것은 잘못입니다."

6-11.
나는 태사공 사마천이다 ③ :
미래를 위해 남긴다

논쟁이 있은 후 7년, 태사공은 이릉의 화를 당하여 감옥에 갇혔다. 그는 탄식하여 말했다.

"이것이 내 죄란 말인가! 이것이 내 죄란 말인가! 몸은 망가져 쓸모가 없어졌구나."

그는 물러나 깊이 생각하고는 이렇게 말한다.

"무릇 『시』나 『서』에서 뜻을 감추고 간략하게 말한 것은 마음속에 있는 뜻을 드러내려 한 것이다. 옛날 서백은 유리에 구속되어 있었기 때문에 『주역』을 풀어냈고, 공자는 진陳나라와 채나라에서 곤경을 겪고 『춘추』를 지었으며, 굴원은 추방된 뒤에 『이소』를 지었으며, 좌구명은 시력을 잃고서 『국어』를 편찬했다. 손빈은 발을 잘리고 병법을 논했고, 여불위는 촉으로 좌천되고 난 뒤 세상에

『여씨춘추』를 전했으며, 한비자는 진秦나라에 갇혀 『세난』과 『고분』을 남겼다. 『시』 삼백 편도 대체로 어진 성인들이 발분하여 지은 것이다. 이런 사람들은 모두 마음속에 울분이 맺혀 있지만 그것을 풀 길이 없기 때문에 지난 일을 기술해 다가올 미래를 생각한 것이다."

이리하여 드디어 요 임금부터 한 무제에 이르기까지의 일을 서술하였다. _태사공 자서

낭송Q시리즈
낭송 사기열전

7부
역사의 또다른 주인공들

7-1.
병은 징후가 보일 때 고쳐야 한다

편작扁鵲은 젊었을 때 다른 사람이 운영하는 여관의 관리인으로 있었다. 여관에 머무른 손님 중에 장상군이라는 자가 있었는데 편작은 그를 특이한 사람이라 여겨 언제나 정중하게 예를 다했다. 장상군도 편작을 눈여겨 본 지 열흘 남짓 지났을 때 그를 불러 마주 앉았다.

"나는 비밀스럽게 전해 오는 의술을 가지고 있는데 이제 늙어 그대에게 전해 주고 싶소. 그대는 누설하지 마시오."

그러면서 품속에서 약을 꺼내 편작에게 주었다.

"이 약을 땅에 떨어지지 않은 물에 타서 먹으시오. 삼십 일이 지나면 반드시 사물을 꿰뚫어 볼 수 있을 것이오."

그리고는 비밀스럽게 전해오는 의서를 모두 편작에게 주고 홀연히 사라졌다. 편작은 약을 먹었다. 삼십 일이 지나자 담장 저 편에 있던 사람이 보였다. 이러한 능력으로 환자를 보니 오장 속 질병의 뿌리가 훤히 보여 맥을 짚어 진찰하는 척만 할 뿐이었다. 그는 의원이 되어 제나라로 조나라로 떠돌았다. 조나라에서 편작으로 불리었다.

편작이 제나라로 갔을 때 제나라 환후가 편작을 빈객으로 맞았다. 편작은 환후를 뵙고 말했다.

"환후께서는 피부에 병이 있는데 치료하지 않으면 더욱 깊어질 것입니다."

환후가 말했다.

"나에게는 질병이 없소."

편작이 물러가자 환후는 곁의 신하에게 말했다.

"의원이란 자들은 이익을 노려 병도 없는 사람을 가지고 공을 세우려고 하는군."

닷새 뒤 편작은 또 환후를 뵙고 말했다.

"환후께서는 혈맥에 병이 있습니다. 지금 치료하지 않으면 훨씬 깊어질 것입니다."

환후가 말했다.

"나에게는 병이 없소."

편작이 나가자 환후는 기분이 나빴다. 닷새 뒤에 편작은 또 환후를 만나 말했다.

"환후께서는 장과 위에 병이 있습니다. 치료하지 않으면 더 깊은 곳까지 들어갈 것입니다."

환후는 대답을 하지 않았다.

닷새 뒤 편작은 또 환후를 만났지만 멀리서 쳐다보기만 하고 그냥 물러나왔다. 환후가 사람을 보내서 그 까닭을 물었다.

"병이 피부에 있을 때는 탕약과 고약으로 고치면 됩니다. 혈맥에 있을 때는 쇠침과 돌침을 쓰면 됩니다. 장과 위에 있으면 약술로 고칩니다. 그러나 병이 골수까지 들어가면 사명신도 어쩔 수 없습니다. 지금 환후의 병은 골수까지 미쳤기 때문에 더 이상 드릴 말씀이 없었습니다."

그로부터 닷새 뒤에 환후는 몸에 병이 들었으므로 사람을 보내 편작을 불렀다. 그러나 편작은 이미 자리를 피해 떠난 뒤였다. 환후는 결국 죽었다. _ 편작·창공열전

7-2.
야만과 문명

흉노에 새로운 선우가 오르자 효문제는 종실의 딸을 공주라 하여 선우에게 보냈다. 연나라 출신 환관 중항열中行說을 공주의 호위로 보냈다. 중항열은 가기 싫은 것을 떠밀려갔다. 그래서 다음과 같이 말했다.

"내가 가면 반드시 한나라의 근심거리가 될 것이다."

중항열은 흉노에 이르러 선우에게 귀순했다. 곧 선우의 신임을 얻었다.

처음에 흉노는 한나라의 비단과 무명, 음식 등을 좋아했다. 중항열이 말했다.

"흉노의 사람 수는 한나라의 한 군에도 못 미칩니다. 그럼에도 이렇게 강한 것은 입고 먹는 것이 한나라와 다르기 때문입니다. 지금 선우께서 한나라 물품을 좋아하시면 머지않아 흉노 백성은 모두 한나라에 귀속됩니다. 한나라 물품으로 지은 옷을 입고 말을 타고 풀숲을 달려 보십시오. 모두 찢어져서 쓸모가 없게 됩니다. 이를 보여한나라 옷감이 털이나 가죽보다 못함을 알리십시오. 한나라 음식을 얻으면 모두 버려서 젖으로 만든 것들의 맛과 비교할 수 없음을 보이십시오."

한나라의 사자가 말했다.

"흉노는 아버지와 아들이 한 막사에 살며 아버지가 죽으면 계모를 아내로 삼고 형제가 죽으면 다른 형제가 그의 아내를 거두지요. 옷과 관, 허리띠로 장식도 하지 않으며조정에도 예의가 없소."

중항열이 말했다.

"흉노는 가축의 고기와 젖을 먹고 그 가죽으로 옷을 지어 입소. 가축을 먹이기 위해 물과 풀을 찾아 철마다 옮겨 다니오. 그러면서 싸울 때를 대비해 활쏘기와 말타기를 연습하고 평소에는 일없이 즐기고 있소. 이들의 약속은 간단하여 지키기 쉽고, 군주와 신하 사이는 단순하여 마치 한 몸 같소. 가족이 죽으면 그들의 아내를 거두는 것은 대가 끊기는 것을 막기 위해서요. 그래서 흉노는 한 핏줄의 종족을 보존하는 것이오.

지금 한나라는 내놓고 형제의 처를 아내로 삼지 않으나 친족 사이에 서로 죽이기도 하고, 혁명으로 천자의 성도 바뀌잖소. 마음으로 그렇지 않으면서 예의만을 따지다 보면 윗사람 아랫사람 모두 원망만 커질 뿐이오, 궁궐과 집을 꾸미느라 생산할 힘을 다 쓰기도 하지요. 한나라에서는 대부분 밭을 일구고 누에를 쳐 음식과 옷을 구하고 성을 쌓아 적에 대비하느라 백성이 싸움에서 공을 이루기에 미숙하고 평소에는 생업에 시달리고 있소. 슬프도다! 흙집에 사는 한나라여! 스스로 돌아보고 말만 늘어놓지 마시오."

그러고는 밤낮으로 한나라를 공격하기에 유리한 곳을 찾도록 선우를 도왔다. _흉노열전

7-3.
각박한 법

공자는 이렇게 말했다.

"법으로 다스리고 형벌로 바로잡으면 백성은 죄를 저지르는 것을 부끄러워하지 않는다. 덕으로 인도하고 예로 바로잡으면 부끄러움을 알고 바르게 한다."

노자는 또 이렇게 말했다.

"큰 덕은 덕을 의식하지 않음으로 덕을 지니고, 작은 덕은 덕을 잃지 않으려다 덕을 지니지 못한다. 법령이 많아질수록 도둑은 많아진다."

사마천은 말한다.

"진실로 옳은 말이로다! 법령은 다스리는 도구이지만 백성들의 맑고 탁함을 다스리는 근본은 아니다. 옛날 진나라는 천하의 법망이 촘촘했으나 마치 싹이 움트듯 간사함과 거짓이 일어나 극에 이르렀다. 당시의 관리들은 불은 그대로 두고 끓는 물만 식히겠다는 듯이 조급하게 다스렸다. 그러니 강력하고 준엄하며 가혹하지 않고서야 어떻게 그 임무를 즐겁게 해낼 수 있었겠는가?

한나라가 일어나 모난 것을 둥글게 부수고 깎고 다듬어 소박하게 만들고, 배를 집어삼킨 물고기도 빠져나가도록 법망을 너그럽게 했다. 그러니 오히려 관리들의 다스림은 단순해져 간사함이 사라지고 백성들은 편안함을 느꼈다. 이로 보아 백성을 다스리는 근본은 혹독한 법령에 있지 않고 덕에 있다."

고후 시대에 혹리였던 후봉은 황족들에게 가혹하게 하고 공신들에게 모욕을 주었다. 그러다 고후 일족이 망하자 후봉의 집안도 멸족하고 말았다. 효경제 시대에 조조는 각박하고 엄중하게 법을 집행하여 재능을 발휘했다. 그러자 오, 초 등 일곱 나라가 난을 일으켜 조조를 처단하라 요구하여 결국 처형되었다._혹리열전

7-4.
꿈이 준 부귀, 꿈처럼 사라지다

효문제 때 등통이란 사람이 노로 배를 잘 저어 황두랑이 되었다. 어느 날 효문제가 꿈을 꾸었다. 꿈에 효문제는 하늘을 오르려 용을 썼지만 제대로 할 수 없었다. 그때 어떤 황두랑이 뒤에서 밀어 주어 하늘에 올랐다. 뒤를 돌아보니 그의 옷에 등 뒤로 띠를 맨 곳의 솔기가 터져 있었다. 잠에서 깬 문제는 조용히 꿈에서 그를 밀어 준 황두랑을 찾았다. 마침 옷의 등 뒤가 꿈에서 본 것과 같은 사람이 있었다. 그가 바로 등통이었다. 문제는 기뻐하며 날로 그를 총애했다. 효문제는 등통에게 열 번이 넘게 억만 전에 달하는 상을 내렸고, 사대부의 벼슬도 내렸다. 그러나 등통은 자기 한 몸을 삼가며 황제의 비위만 맞추었다.

문제가 관상쟁이에게 등통의 관상을 보게 했다.

"가난해서 굶어 죽을 상입니다."

문제는 등통에게 구리 광산을 주고 돈을 마음대로 만들어 쓸 수 있도록 해주었다. 등씨전이 천하에 널리 퍼져 등통은 부자가 되었다.

문제가 종기를 앓으면 등통은 늘 종기의 고름을 빨아내었다. 태자가 문병을 오자 문제는 태자에게 고름을 빨아내게 했다. 태자는 할 수 없이 하기는 했으나 난감해했다. 나중에 태자는 등통이 황제를 위해 고름을 빨아낸다는 말을 듣고 부끄러우면서도 등통에게 미운 마음이 들었다.

문제가 죽고 경제가 즉위하자 오래지 않아 등통이 법을 어기고 돈을 주조해 국경 밖으로 실어 낸다는 고발이 들어왔다. 조사를 해보니 사실이라 유죄 판결을 받아 등통의 재산은 모조리 몰수되고 거만금의 빚만 남았다. 등통은 끝내 제 앞으로 단 한 푼의 재산도 없이 남에게 빌붙어 살다 죽었다. _영행열전

7-5.
재치로 백성을 구하다

위나라 문후 때 서문표가 업현의 현령이 되었다. 서문표는 현에 도착하자마자 마을의 명망 있는 노인들을 불러 백성들의 고충이 무엇인지 물었다.

"업현에 삼로와 아전들이 해마다 수백만 전의 세금을 걷는데, 그 중에 하백에게 여자를 바치는 데 이삼십만 전을 쓰고 나머지는 무당들과 나눠 가집니다. 그때가 되면 무당이 집집마다 돌아다니며 처녀를 물색하여 '이 처녀가 하백의 아내감이다'라고 하여 폐백을 보내고 데려가지요. 재궁을 물가에 짓고 두꺼운 비단 장막을 치고 그 안에 처녀를 두고 고기와 밥을 줍니다. 열흘이 지나면 시집가는 것처럼 이부자리와 방석 등을 만들어 그 위에 처녀를 태워 물에 띄웁니다. 처음에는 둥둥 떠 있지만 수십 리쯤 흘러가면 가라앉고 맙니다. 그래서 예쁜 딸을 둔 집 안에서는 이를 피해 달아나는 자가 많아 마을 사람들이 줄어서 더욱 가난해집니다. 이런 일이 오래 되었습니다. 세간에 '하백에게 아내를 바치지 않으면 물이 범람해 백성들이 빠져 죽는다'라고들 합니다."

서문표가 말했다.

"하백에게 아내를 바치는 날 와서 알려 주시오. 나도 가서 전송하겠소."

그날이 되어 서문표가 강가로 나갔다. 가 보니 삼로와 아전, 호족과 마을의 부로가 모두 모여 있었다. 구경 나온 백성도 이삼천 명쯤 되었다. 무당은 일흔 살을 넘긴 노파로 여제자 십여 명이 뒤에 서 있었다. 서문표가 말했다.

"하백의 신붓감이 추한지 아름다운지 한번 보겠소."

장막 안에서 처녀를 데리고 나왔다. 서문표는 그녀를 본 뒤 말했다.

"이 처녀는 아름답지 않소. 번거롭겠지만 무당은 황하로 들어가서 하백에게 '아름다운 처녀를 다시 구해 보내겠습니다'라고 말씀드려 주시오."

그리고 바로 아랫사람을 시켜 무당을 안아서 황하 속으로 던졌다. 조금 있다가 다시 말했다.

"무당할멈이 왜 이리 꾸물댈까? 제자들이 가서 재촉하라."

제자 한 명을 황하로 던졌다. 또 조금 지난 후 말했다.

"제자도 꾸물거리는군. 다시 한 사람을 더 보내라."

모두 세 명을 던지고 나서 서문표가 말했다.

"무당과 제자들이 여자라 사정을 말씀드리기 어려운가 보오. 이번엔 삼로가 들어가 말씀드리시오."

다시 삼로를 황하 물속으로 던졌다. 서문표는 물을 향해 몸을 굽히고 오랫동안 기다렸다. 보고 있던 장로와 아전들이 두려워 벌벌 떨었다. 서문표가 돌아보며 말했다.

"무당과 삼로가 전부 돌아오지 않소. 이를 어쩌나?"

다시 아전과 호족 한 사람씩 물로 들어가라 하자, 모두 머리를 조아리니 이마에서 난 피가 땅을 적시고 얼굴은 흙빛으로 변했다.

"좋소. 좀더 기다려봅시다."

잠시 후 서문표가 다시 말했다.

"모두 일어나라. 하백이 손님을 오래 머물게 할 모양이다. 모두 돌아가라."

업현의 관리나 백성들 모두 크게 놀라고 두려움에 떨었다. 이후로 감히 다시 하백의 아내를 바치자는 말을 하는 이들이 없었다._골계열전

7-6.
부는 본성이라 누구나 얻고 싶다

노자가 말했다.

"참으로 잘 다스려지는 시대는 이웃 나라와 서로 마주
보며 닭울음 소리와 개 짖는 소리가 서로 들려도 백성들
은 자신들이 제각각의 음식을 달게 먹고, 자기들의 옷을
아름답게 여기고, 자기들의 풍속을 편하게 여기며, 자기
일을 즐기면서 늙어 죽음에 이를 때까지 서로 왕래하지
않는다."

그러나 지금 이러한 것을 이루겠다고 풍속을 돌이키려
하거나 백성의 눈과 귀를 막는다면 아마 이룰 수 없을 것
이다.

한나라가 일어나 천하를 통일하고 관문과 다리를 개방

하였다. 또 산림과 연못에서 나무를 베고 고기를 잡지 못하게 한 법령을 느슨하게 하였다. 따라서 큰 부자와 큰 상단들이 천하를 두루 다니게 되어 교역을 통해 유통되지 않는 물건이 없으므로 원하는 것은 무엇이든지 다 얻을 수 있었다. 그리고 지방의 호걸들과 제후국의 세력가들은 수도로 옮겨 살게 했다.

대체로 천하에는 생산되는 것들이 적은 곳도 있고 많은 곳도 있다. 백성의 풍속은 지역에 따라 다르니 산동에는 바닷소금을 먹는데, 산서에는 호수소금을 먹는다. 지형상 먹을 것이 풍부하면 굶주릴 염려가 없어 백성들은 게으르게 살면서 재산을 모으지 않으니 가난한 사람이 많다. 그래서 강수와 회수 남쪽에는 굶주리는 사람은 없지만 천금을 가진 부자도 없다. 땅이 좁고 사람은 많은데 홍수와 가뭄이 잦으면 그곳 사람들은 저축을 즐긴다.

이러한 이치로 볼 때 어진 사람이 조정에서 일을 논의하며 신의를 지켜 절개에 죽으며, 동굴에 숨어 사는 선비가 높은 명성을 얻으려는 것은 결국 무엇 때문인가? 그것은 다 부귀로 돌아간다. 그러므로 청렴한 벼슬아치도 오랜 시간이 지나면 부유해지고, 공정한 장사꾼도 마침내 부유해진다. 부라는 것은 사람의 타고난 본성이기에 배우지 않아도 누구나 얻고 싶다.

지금 관직의 지위가 있어 받는 녹봉이 있는 것도 아니고, 작위에 봉해져서 거두어들이는 땅의 수입이 있는 것도 아니면서 이런 것을 가진 사람들처럼 즐거워하는 사람이 있으니, 이를 작위가 없는 봉군이라 하여 소봉素封이라 부른다.

만일 집이 가난하고 어버이는 늙고 처자식은 연약하여, 명절이 되어도 조상에게 제사를 지내지 못하고. 가족이 모여 음식을 먹지 못하고 옷을 입고 사람들과 어울리지 못하면서도 부끄러워하지 않는다면 못난 사람이다. 그래서 재물이 없는 사람은 힘써 일하고, 재물이 조금 있는 사람은 지혜를 모으고, 이미 많은 재산을 가진 사람은 이익을 쫓아 시간을 다툰다.

생활을 꾸리는 데 몸을 위태롭게 하지 않으면서 수입을 얻는 것은 현명한 행동이다. 그러므로 농사로 부를 얻는 것이 으뜸이고, 장사로 부를 얻는 것이 그 다음이며, 간사하고 교활한 수단으로 부를 얻는 것이 가장 저급하다. 동굴 속에 숨어 사는 괴상한 행동도 하지 않으면서 벼슬을 하지 않으려 하거나, 오랫동안 가난하고 천하게 살면서 인의만 말하는 것도 아주 부끄러운 일이다. _화식열전

「사기열전」 원 목차